浅見 泰司＋齊藤 広子 編著

マンションの終活を考える

プログレス

まえがき

　マンションという共同住宅の形式が現れて，すでに50年以上が経過している。初期はさほど多くのマンションはなかったが，1970年代以降，大きく増加し，現時点（2019年）では，すでに国民の約1割がマンションに居住するに至っている。

　堅牢なマンションといえども，経年的には劣化する。そのため，マンションの「終わり方」を考えねばならない。それは，マンションを取り壊し，別な土地利用にすることかもしれない。マンションを律する法律は建物の区分所有等に関する法律（区分所有法）であるが，立法当時，マンションの終わり方までは十分に考えられていなかった。そのため，マンションの終わり方に関する手続き規定が整備されていない。ここに，現在のマンションの抱える問題がある。高経年マンションでは，賃貸化されて，区分所有者と賃借人が混合して住まう例も多い。また，建物が劣化したり，管理状態が劣化しているものもある。いよいよマンションとしての機能を十分に発揮できなくなった時に，どのように終わらせば良いのか。本書は，このような問題意識をもとに，編者で相談し，マンションの現場や実務に詳しい方々をリストアップし，執筆者を選ばせていただいた。幸い，皆様にご快諾いただき，本書が刊行できることとなった。

　「マンションの終活を考える」というタイトルのとおり，マンションの終わり方に関する問題理解や解決方策を考えるきっかけになれば幸い

である。そして，それらが現実の制度整備につながり，マンションの一生を適切に管理できるシステムが構築されることを期待している。

　本書を刊行するにあたり，プログレスの野々内邦夫氏には，大変お世話になった。ここに記して謝意を表したい。

　2019 年 5 月 1 日

浅 見 泰 司／齊 藤 広 子

目　次

総　論｜マンションの終活を考える…………［浅見　泰司］

1．マンションの終活とは　　*3*

2．マンションの終活への備え　　*4*

3．本書の構成と概要　　*5*

　《第1部》──「事例に学ぶマンションの終活」　　*5*

　《第2部》──「マンションの終活の実務」　　*8*

　《第3部》──「マンションの終活を円滑に進めるために」　　*11*

　《第4部》──「《座談会》マンションの終活を考える」　　*12*

4．マンションの有効な終活に向けて　　*13*

第1部 | 事例に学ぶマンションの終活

管理不全の事例からみた終活のあり方⋯⋯⋯⋯⋯[小林　秀樹]

1．はじめに　*17*

2．管理不全とは──管理の機能不全と建物の不全状態　*18*

3．管理不全マンションの実態を知る　*19*

4．マンションが管理不全になる理由とは　*22*

5．終活の前に──管理不全マンションの再生　*24*

6．マンションの「自主的終活」と「強制的終了」　*27*

7．マンションの終わり方──「自主的終活」に向けた新しい解消制度の提案　*28*

 ⑴　解消制度提案の論点──客観的要件は必要か否か　*29*

 ⑵　建替えと解消の違い　*29*

 ⑶　客観的要件に関する議論　*30*

 ⑷　建物の用途変更を可能にする解消制度　*31*

 ⑸　「管理不全マンション改良制度」の提案　*33*

8．おわりに　*34*

マンションの管理不全の現状⋯⋯⋯⋯⋯⋯⋯⋯⋯⋯⋯⋯[折田　泰宏]

1．マンションの終活とは　*37*

2．マンションの管理不全の現況　*38*

 ⑴　外廊下が崩落し，使用できなくなった沖縄のマンション　*39*

(2) 再生方針が決められなかった熊本の被災マンション　*40*

(3) 不良入居者のために機能不全に陥った小規模マンション　*41*

(4) 築47年を経過し管理不全に陥っていたが，行政の支援で再生を
果たしたマンション　*43*

(5) 理事長，監事を外部の専門家に依頼することで，管理の劣化を防いで
いるリゾートマンション　*44*

3．管理不全はなぜ起きるか　*46*

4．管理不全にならないために　*48*

5．さらにはこんな立法的解決を　*51*

6．さいごに　*52*

リゾートマンションにおける管理不全の実態 …[黒田　美穂]

1．リゾートマンションの課題　*55*

2．湯沢地域のリゾートマンションの現状　*56*

(1) 中古流通や競売の状況　*56*

(2) リゾートマンションの需要　*57*

(3) 管理費等の滞納や滞納金の回収　*58*

(4) 市場価値　*59*

(5) 湯沢地域のリゾートマンションの課題　*59*

3．マンションの管理不全化の経緯と終末期問題　*60*

(1) 管理不全化の経緯　*60*

(2) 管理不全化の要因　*61*

(3) リゾートマンションの終末期問題　*62*

被災マンションの解消からみた終活の課題‥‥‥‥‥[小杉　学]

1. はじめに　*65*

2. マンションの解消と終活　*66*

3. 被災マンション法　*68*

4. 公費解体制度　*70*

5. 被災マンションの解消実態　*72*

 (1)　集約タイプ　*73*

 (2)　個別売却タイプ　*73*

 (3)　決議売却タイプ（その1）　*75*

 (4)　決議売却タイプ（その2）　*76*

6. 解消の動機　*77*

7. 解消制度　*78*

8. 一般マンションの解消の課題　*80*

 (1)　反対理由1——継続居住が奪われる・ライフプランが突然崩される　*81*

 (2)　反対理由2——建物の取壊し費用を負担できない　*82*

9. 一般マンション解消のための終活　*82*

10. 仮終末の設定と解消を確実に実施するための技術　*85*

 (1)　具体的な仮終末の設定方法　*85*

 (2)　仮終末設定時の賛成票を解消決議まで維持する方法　*85*

11. おわりに　*87*

第2部 マンションの終活の実務

マンション終活プロセスの必要性
―建物の終活のプロセスプランニング・暫定利用・用途転用―
....[齊藤　広子]

1. はじめに――マンションは永遠ではない　*93*

2. 管理不全マンションが本当に存在するのか？　*94*

3. 終わり方を計画する必要性――きれいに終わるには期待値の一致と計画が必要　*98*

   (1)　終焉の責任者は誰か？　*99*

   (2)　最後までの維持管理のあり方　*100*

4. 諸外国ではどうしているのか？　*101*

5. 最後まで快適に利用し，きれいに終焉を迎えるために
    ――マンションの晩年の過ごし方　*102*

   (1)　暫定的利用のあり方――用途の転用　*103*

   (2)　所有形態の変更，経営主体の一元化　*106*

6. さいごに　*108*

終活に至る実務からみた課題 ....[大木　祐悟]

1. はじめに　*111*

2. 合意形成上の課題　*113*

   (1)　管理組合のガバナンスの巧拙　*113*

   (2)　管理組合運営のコンプライアンスの重要性　*114*

(3) 権利関係に問題のあるマンション　*116*

(4) 立地上の問題　*117*

(5) 関係権利者の同意　*118*

3. 終活のための資金計画上の課題　*119*

(1) 必要とされる資金について　*119*

(2) 資金調達方法について　*121*

4. 被災したマンションが終活を検討する際の課題　*124*

5. おわりに　*125*

京都・西京極大門ハイツの事例からみた　終活のプランニング　………………[田村　誠邦]

1. 管理組合の目的と位置づけ　*128*

2. 高経年マンションで必要とされるマンション管理組合の業務範囲　*129*

3. 西京極大門ハイツの管理組合の取組みとは？　*130*

(1) 将来を見据えた環境整備積立金　*130*

(2) 将来のグループホーム構想とリバースモーゲージ　*133*

(3) 耐震補強と建替えとの比較判断　*134*

(4) 災害に備えての計画　*135*

(5) 住戸の中古流通と財産価値の確保　*136*

(6) 組合員・居住者のための共用施設の自主整備　*137*

(7) 自主管理と組合員の管理人としての雇用　*140*

(8) 揉め事を起こさない管理組合の運営の仕組み　*140*

4. 西京極大門ハイツに学ぶ管理組合の長期的・経営的視点　*142*

方針の明確化によるマンション再生の取組み
—稲毛海岸三丁目団地の再生事例—……………………………[戸村 達彦]

1. はじめに　*145*

2. 建替えに向けた取組み　*146*

   (1)　建替え検討開始のきっかけ　*146*

   (2)　建替え検討の第1ステージ　*147*

   (3)　建替え検討の第2ステージ　*149*

3. 長寿命化に向けた取組み　*149*

   (1)　再生方針決定に向けたアンケート調査　*149*

   (2)　修繕積立金の値上げ　*151*

   (3)　長期修繕計画の見直しと借入れ　*151*

   (4)　第三回大規模修繕工事　*153*

   (5)　屋外環境の改修について　*154*

4. 住戸と管理組合　*157*

   (1)　相続放棄について　*157*

   (2)　空き家対策について　*158*

5. コミュニティと管理組合　*160*

   (1)　コミュニティ活動について　*160*

   (2)　「稲三サポートの会」による住戸管理　*161*

   (3)　自主防災会について　*161*

   (4)　「植栽会」・「花壇の会」について　*162*

   (5)　役員のなり手不足問題への対応　*162*

6. おわりに　*163*

第3部 マンションの終活を円滑に進めるために

東京・豊島区のマンション管理推進条例について
·· ［宿本　尚吾］

1．はじめに　*167*

2．豊島区の概要　*168*

3．豊島区マンション管理推進条例制定の背景　*171*

4．豊島区マンション管理推進条例の概要と義務規定の意義　*173*

　⑴　条例の概要　*173*

　⑵　条例における義務規定の意義　*175*

5．終わりに──マンションの終活に向けて　*176*

自治体の役割と条例のあり方 ·············· ［北村　喜宣］

1．生活環境保全にあたっての国と自治体の役割分担　*179*

　⑴　老朽危険空き家対策　*179*

　⑵　国の役割としての老朽危険空き家対策　*180*

2．マンションの適正管理に関する行政介入　*181*

　⑴　多数者の共有にかかる不動産　*181*

　⑵　東京都調査　*182*

3．区分所有法とマンション管理適正化法　*183*

4．マンション管理適正化条例の意味　*185*

⑴　積極的対応の制度化　*185*

⑵　「地域における行政」としての生活環境保全　*186*

5．都道府県条例としてのマンション管理適正化条例　*187*

⑴　「条例制定をしない」という決定　*187*

⑵　都の事務としての正当性　*187*

マンションの長寿命化と解消をめぐる法的課題…[鎌野　邦樹]

1．マンションの終活の意義　*189*

2．長寿命化に伴う法的課題　*190*

⑴　空き住戸の買取りと先行する事例・施策　*191*

⑵　空き住戸の取得をめぐる法的問題　*192*

⑶　私見と今後の課題　*196*

3．管理組合は認知症等の高齢者とどう向き合うか　*200*

⑴　居住者の高齢化に伴う問題　*200*

⑵　管理組合・理事会の対応　*201*

4．結びに代えて──マンションの解消に伴う法的課題等　*202*

⑴　マンションの解消制度と団地敷地の分割制度の導入　*202*

⑵　区分所有法制の転換（区分所有法制の再構築）の必要性　*203*

第4部　《座談会》マンションの終活を考える

....［齊藤　広子］［戎　正晴］［浅見　泰司］

●マンションの終わりとは？　　*207*

●区分所有法，それに基づく管理組合の役割　　*209*

●解消の事例およびそのための法制度　　*214*

●マンション後見制度　　*217*

●被災マンション等，残された課題　　*226*

《総　論》

マンションの終活
を考える

東京大学大学院 工学系研究科 都市工学専攻 教授
浅 見 泰 司

1. マンションの終活とは

マンションは，通常は，鉄筋コンクリート造など耐火性を有する区分所有の集合住宅をいうことが多い。その権利関係は，建物の区分所有等に関する法律（区分所有法）の規定に従うことになる。マンションは，住戸が入る専有部分とエレベータや廊下などの共用部分とからなっている。また，建物が立っている敷地部分もある。

これらの所有関係を規律した法律が区分所有法である。区分所有法では，権利関係を整理しているだけではなく，所有者団体である管理組合を必ず設けること，運営上重要なことの議決方法，さらに，法定建替え決議の手続きなども規定している。ところが，建替え（浅見ほか，2012）についての手続きはあるものの，解消の手続きが用意されていない。ここに，マンションの終活が必要となる根源がある。

「終活」とは，人生の終わりに備えて行う準備活動のことをいう。「マンションの終活」とは，マンションの終わりに備えて行う準備活動となる。マンションの終わりには，建物の終わりと権利関係の終わりの2種類がある。建物の終わりとは建物自体が解体されることであり，建替えや敷地売却などが含まれる。建替えの場合には，区分所有関係は保持されるために，権利関係は終わらない。そのため狭義には，建替えはマンションの終わりには含めない考え方もある。敷地売却の場合には，前提として区分所有関係も解消されることとなる。権利関係の終わりとは区分所有関係を終わらせることであり，建物が存続されるか否かにかかわらず，たとえば，所有権が一者にまとめられる場合には，区分所有関係は解消となる。本書では，権利関係の終わりをマンションの終わりとして論じている執筆者が多い。

《総 論》マンションの終活を考える

　マンションの終活には，所有者や居住者が行うべき活動の他に，管理会社などそのマンションの運営に係る主体，場合によっては周辺地域や国全体の「準備活動」も含まれる。

　人の人生と同様にマンションの終わりがいつかもわからない。ただ，人の人生の場合には，自然に死という現象が起き，誰でもが明確にそれを認識することができる。そのため，人の終活においては，いつになるかはわからずとも，それが起きれば明確に終わりとなる。また，誰かが能動的に動かなくても終わりが訪れる。ところが，マンションでは，誰かが能動的に動かねば終わりが明確には訪れない。ここに，マンションの終活の難しい点がある。すなわち，能動的に動かなければ終わりが訪れないので，終わりを先延ばしにできる。しかし，その間に，状況がさらに悪化しかねないのである。

2. マンションの終活への備え

　マンションの終活に備えるためには，マンションの終わりの諸手続きが円滑に進むように日頃から工夫しておかねばならない。建物の終わりに際しては，居住者がいなくなって終わりというわけにはいかない。建物を解体し，必要に応じて整地が必要となる。その費用をどのようにまかなうのかを考えておかねばならない。

　たとえば，定期借地マンションの場合には，借地の時限がくれば更地で地主に返還することが前提となっている。そのため，マンションの所有者が，更地にするまでの費用を負担することが求められる。仮に50年間の借地であれば，更地化する費用を毎年積み立てていくことが望ましい。

4

区分所有関係の解消については，終期の決め方と最後に解消するための清算の方法について合意しておくことが望ましい。定期借地マンションのように終期が明確な場合は前者の取決めは不要である。しかし，定期借地でない場合には，自分たちで終期を決めねばならない。これは容易ではないし，また，現実には良い取決めの例がない。これまでの建替えの成功例などをもとに，終期の決め方と清算方法を具体的に決めておくことが今後必要である。本書でも，そのヒントとなる事例も紹介しているが，それらを体系化して，終期の決め方と清算方法の標準方式などが整備されるとよいのではないかと思われる。

3. 本書の構成と概要

　本書では，マンションの終活に関して4つの部で構成している。

《第1部》——「事例に学ぶマンションの終活」

　ここでは，管理不全等に陥ったマンションの事例を紹介し，そこからの教訓を述べている。

　小林秀樹氏による「**管理不全の事例からみた終活のあり方**」では，マンションの終わりを区分所有関係の解消であり，建物が取り壊されて敷地が売却されたり，建物は存続しても区分所有関係がなくなり，転用されるものと位置付けている。また，管理不全とは，管理組合が機能していない「管理の機能不全」と，建物や設備が劣化・損傷して放置されている「建物の不全状態」の両方があることと定義している。管理規約がない，管理に無関心な所有者，所有者分散，管理会社の倒産，反社会的

《総　論》マンションの終活を考える

団体の関与，管理費・修繕積立金の不足や棄損，需要低迷，災害・欠陥による過分な費用負担などが複合的に発生したときにマンションが管理不全になりやすい。今後の終活を考えた場合には，一般老朽マンションの解消制度を新設する必要がある。さらに，自主的終活を可能にするだけでなく，管理不全マンションの強制的終了の仕組みも必要となると指摘している。

　折田泰宏氏による「**マンションの管理不全の現状**」では，マンションの管理不全問題について論じている。最初に，管理不全になった５つの事例を紹介している。すなわち，①外廊下が崩落し使用できなくなったが，管理組合も管理規約もないことから意思形成の場がないマンション，②地震で被災して全壊となったが総会が開催できず，行政の援助で派遣された弁護士・マンション管理士の努力で全員合意の敷地売却ができたマンション，③水道料金や管理費を払わず，暴行も起こす不良入居者がいたが，訴訟により競売にこぎつけ，退去させたマンション，④高経年マンションで管理不全に陥っていたが，専門家派遣事業でマンション管理士が派遣され，大規模修繕工事ができたマンション，⑤リゾート組と定住組の対立があったが，理事長・監事を外部の専門家に依頼して，管理の劣化を防げたリゾートマンション，の５つである。これらの事例から，管理不全にならないために専門管理会社が区分所有者との契約で管理者となり，その他のサービスも請け負う総合マネジメント会社の利用を提唱している。また，そのための制度的な環境整備として，消費者保護的措置の制度化，民間のマンション管理支援体制の充実，積極的に行政が介入できる支援体制の充実，管理組合の拡大的な活動に対する法的整備，管理規約の有効範囲の拡大などを提言している。区分所有法がマンションという住宅を律する法律としては適格を欠くという認識か

ら，今後も立法措置の拡充が必要であると指摘している。

　黒田美穂氏による「リゾートマンションにおける管理不全の実態」では，1980 年代後半のリゾートブームに集中的に建設されたリゾートマンションの状況について述べている。リゾートマンションは定住目的ではないために区分所有者の関心も低く，管理費等の滞納も深刻で管理不全化が進みやすい。湯沢地域のリゾートマンションを例に，管理状況について二極化している実態を明らかにしている。特に，管理不全マンションにおいては管理組合が正常に機能していないことが多く，仮に区分所有関係を解消しようとしてもその手続きは進まないことが予想される。そのため，強制的な解体が可能な仕組みも必要であると結論付けている。

　小杉学氏による「被災マンションの解消からみた終活の課題」では，マンションの「終わり」を建物の区分所有関係と敷地の共有関係が共に解消することと定義した上で，終わりたいときに終われるようにするための準備行為がマンションの終活であると述べている。そのためには，合意形成の周到な準備が鍵となる。緊急対応が求められる被災マンションでも，合意形成は容易ではない。その例として，東日本大震災後の仙台で行われた公費解体の経緯の詳細を紹介している。一般のマンションについては，現行法制度では解消制度が整備されていないが，仮に整備されて，4/5 以上の合意で解消できるようになったとしても，解消事業は進まないだろうと指摘する。その理由は継続居住性が失われること，そして取壊し費用を負担できないからであるとしている。終活のための仕組みとして，解消を予定して仮終末を設定し，それに向けて準備を進めること，および信託契約を活用することの 2 つを提案している。

《総　論》マンションの終活を考える

《第2部》──「マンションの終活の実務」

　ここでは，実際にマンションの終活問題に実務としてかかわった経験を紹介し，そこから得られる教訓を述べている。

　齊藤広子氏による「**マンション終活プロセスの必要性─建物の終活のプロセスプランニング・暫定利用・用途転用─**」では，終わりたくても終われないマンションが多く存在することを問題提起している。維持管理や修繕が適切に行えず，居住環境はもとより，周辺にも悪影響を与えている管理不全マンションやその恐れがあるマンションも存在している。終わりが設定されていて，更地での返却が義務付けられている定期借地マンションですら，終焉のための維持管理計画ができていない。マンションの晩年の管理に向けては，暫定的利用を導入することが有効そうであるが，そのためには，暫定利用制度の確立が必要であると説いている。実際に，ホテルなどに用途を転換しながら生きているマンションがある。用途転用の場合には，集会室，デイサービス拠点などがありうるが，それぞれ，その利用のルールを確立しなければならない。また，建物を利用しながら区分所有関係を解消できる道も用意すべきとしている。イギリスでは2002年の法律によって，過半数決議で全体を管理組合が買い取ることができる制度が用意されている。

　大木祐悟氏による「**終活に至る実務からみた課題**」では，まず，マンションの管理でも重要な管理組合のガバナンスについて，問題がある管理組合が少なくないことを問題提起している。また，コンプライアンスは特に終活を検討する場面において重要であるとしている。手続きに重大な瑕疵があると決議が無効になる可能性があるためである。建物と土

8

地においてあるべき姿と異なる権利関係になっているマンションにおいてはさらに問題が複雑となる。立地が悪いマンションでは，建物の解体コストが更地価格を上回ることがあるが，そうなると放置されるリスクも出てくる。解体費を積み立てることを検討する必要がある。日常のマンション管理を適切に行うことで，長く利用することが可能となるとともに，終活もより円滑に進めることができるようになる。

　田村誠邦氏による「京都・西京極大門ハイツの事例からみた終活のプランニング」では，高経年マンションは，管理運営のあり方により快適な生活と財産価値を保てるマンションであるかどうかが決まると指摘する。マンション管理組合は財産管理団体としての性格を超えた，より積極的な経営の姿勢が求められる。京都市右京区の「西京極大門ハイツ」の事例を取り上げて，それを説明している。一般的な法解釈では，管理組合として成し得る業務の範囲は，「建物並びにその敷地及び附属施設の管理」と，「それに付随しまたは付帯する事項」に限られる。高経年マンションでは，建物の老朽化，区分所有者や居住者の高齢化，単身高齢者の増加などにより様々な問題が顕在化する。区分所有者の資金負担力が低下している高経年マンションがそのような問題に対応するヒントが，「西京極大門ハイツ」の事例である。西京極大門ハイツ管理組合法人は，事前に，「隣地取得審査会」という組織をつくり，隣地の購入に当たって，総会の議決を経なくても，理事会が隣地取得審査会の了解を得て購入する仕組みを用意していた。高齢者には建替え期間中の仮住まいの負担が大きいため，当マンションの敷地を隣接地と併せて売却予約し，その資金で別の場所に新築のマンションを建て，仮住まいなしに建替えを実現できる。大規模修繕等の負担は，借入金なしに修繕積立金の範囲内で実行しており，修繕積立金も同規模マンション相場の範囲内に

《総　論》マンションの終活を考える

抑えている。「西京極大門ハイツ」では，組合員を管理人として雇用している。管理組合が組合員の雇用まで含めたマンション内での経済循環システムを用意しているのは画期的なシステムである。管理組合が単なる「建物並びにその敷地及び附属施設の管理を行うための団体」という存在を超えて，長期的・経営的視点の下に，組合員全体を巻き込む形で自らの住環境の改善，将来に向けての計画の実現に着実に取り組むことにより，高経年マンションの抱える課題の多くを解決し得ることを，上記の事例は教えてくれる。

　戸村達彦氏による「**方針の明確化によるマンション再生の取組み―稲毛海岸三丁目団地の再生事例―**」では，千葉市美浜区の稲毛海岸三丁目団地の経験を紹介している。稲毛海岸三丁目団地では，2度ほど建替えの検討を行った後に，最終的に修繕による長寿命化を目指すこととした。借入れにあたって当面の負担の値上げをしないことを確約し，大規模修繕工事を行うこととなった。この際に，工事に際して家具の移動を行う支援隊を組織したり，マスタープランを作成して公園をつくるなどの工夫を行った。また，管理面においては，相続放棄については，管理組合が処分の手続きを行ったが，より円滑に進めることができるよう法人化を目指した取組みを行っている。空き家については，所有者に売却希望がある場合には管理業務を一部委託している会社に買い取ってもらい，リノベーションをして賃貸住宅として提供した。コミュニティ活動にも管理組合が支援しており，団地のサポートの会では空き家のカギを預かって，定期的に点検を実施している。毎年開かれる棟会議では，賃貸住宅の居住者も参加し，役員の推薦を行っている。この結果，能力の高い役員が選任されている。大規模修繕や日々の管理のこれらの工夫は，多くのマンションに参考になる。

10

《第3部》——「マンションの終活を円滑に進めるために」

　ここでは，マンションの終活を円滑に進めるための自治体の役割や法制度のあり方を述べている。

　宿本尚吾氏による「東京・豊島区のマンション管理推進条例について」では，東京・豊島区のマンション登録制度を紹介している。豊島区ではマンションの管理不全を未然に防止するために，豊島区マンション管理推進条例を制定した。豊島区の新庁舎もマンションの合築であることに象徴されるように，平成20年の住宅・土地統計調査でマンション居住世帯は64.2％と，マンションがかなり一般的な居住形態となっている。同条例では，町会加入の協議の義務化，居住者名簿作成の義務化，マンション管理者の選任の義務化，区への報告の義務化などを制定し，マンションにおける管理の適正化をはかろうとしている。

　北村喜宣氏による「自治体の役割と条例のあり方」では，マンションの管理不全問題に対して行政法としてどのようにかかわるべきかについて述べている。東京都の調査では管理不全の疑いがあるマンションが見つかっている。マンション管理適正化法の精神は，国および地方公共団体は求めに応じて情報や資料の提供などに努めるという受動的なものとなっている。これに対して，近年，マンションの適正管理に関する条例がいくつかの特別区で制定されている。法的に言えば，行政が私的自治の世界に相当程度介入することとなった。ただ，義務付けは行っていても，履行確保手段は勧告という行政指導にとどめている。東京都は都内全域を対象とするマンション管理適正化条例を構想中だが，先行して条例化した区に対しては都条例の適用外にするのが適切と述べている。

《総　論》マンションの終活を考える

　鎌野邦樹氏による「**マンションの長寿命化と解消をめぐる法的課題**」では，現実的なマンションの終活として建物の延命化が基本となるとした上で，建物の長寿命化にかかわる問題点として，管理組合による空き住戸等の買取り問題と高齢者の見守り問題について論じている。管理組合による空き住戸等の買取り問題とは，マンション内の空き住戸を管理組合が買い取って，集会室や備蓄倉庫などに活用することの法的な是非の問題である。管理組合は建物等の「管理」を行うための団体であるため，買取りが管理といえるかが問題となる。社会の変化や居住者の年齢等の状況に応じた対応が必要であるという立場から，区分所有者の状況に適合する建物や敷地等の「管理」の内容を広げていく必要があると指摘している。ただし，それらが，共用部分等の「変更」として団体的意思決定によって可能となる立法措置が望ましいとしている。また，高齢者の見守り問題とは，身体的ハンデを抱える居住者，認知症を抱える居住者，高齢者のみの世帯などに対して，管理組合ないし理事会がどこまで関わるのかという問題である。高齢者の見守りを理事会の業務として義務付けることは非現実的であるが，行政と連携して巡回等で発見した事故等の対応をマンション業者に委託することが考えられるとしている。終活に関しては，建物敷地売却による解消が被災マンションや耐震性不足マンションだけでなく，管理不全による老朽化マンションにも導入すべきとしている。

《第4部》──「《座談会》マンションの終活を考える」

　ここでは，戎正晴氏と本書の編者で行ったマンションの終活に関する座談会の内容を収録している。

　戎氏は，区分所有法が集合住宅法でもマンション法でもないところに問題の発端があることを指摘している。そのために，複数の世帯が一つ

の建物で居住することの問題については，法の関心事ではなく，共同居住からくるコミュニティ管理が抜けてしまっているのである。また，区分所有法では建て替える前提でないと建物を壊せない。これしか認めていない点が問題で，特別多数決で実施できる一般の解消決議を位置付けるのが本来のあり方である。議決権行使ができない人が出てくる中で，「マンション後見制度」が必要であると指摘している。区分所有者以外の第三者管理の仕組みや管理信託を可能とする仕組みである。第三者管理の仕組みとしては，理事会に外部専門家を入れる補助類型，外部専門家を管理者として選定し理事会が監事となる保佐類型，外部専門家が管理者となり理事会を設けない後見類型の3つのパターンがある。これらのバリエーションを有効に使って，適切な管理が切れ目なく継続するようにしていかねばならない。

4. マンションの有効な終活に向けて

　マンションの終活のためには，まず，法的な手続きが可能となるように，管理組合をしっかりと設置し，機能するように運営すること，管理規約（浅見ほか，2017）を適切に定め，区分所有者の意思決定が適切に行えるようにすることが必要である。しかし，高経年になると，管理組合活動が停滞し，修繕積立金や管理費が滞納になったり，維持管理の費用が増加したりしていく。特に，管理組合活動の停滞の問題については，ある時点で，信頼できる管理会社に管理をゆだねたり，管理信託を用いるなど，区分所有者の手を離れても適切に管理が継続する仕組みを当初から計画しておくことが望ましい。

　本書で紹介する管理不全事例も，他人事ではなく，放っておけば将来

《総　論》マンションの終活を考える

の自分たちの姿になってしまうかもしれない。そのような，危機意識を持って，早くから終活を始めていかねばならない。本書でも，何度も指摘しているが，適切な終活のためには，管理業務の拡大，解消制度の導入など，法改正を必要とする事項もある。マンション所有者の危機意識の高まりによって，法改正の必要性を社会に訴えていかねばならない。

〈参考文献〉

浅見泰司・福井秀夫・山口幹幸（編）（2012）『マンション建替え：老朽化にどう備えるか』日本評論社

浅見泰司・安藤至大・親泊哲・笠谷雅也・福井秀夫・村辻義信・吉田修平（2017）『2016年度改正　新しいマンション標準管理規約』有斐閣

《第1部》

事例に学ぶ
マンションの終活

管理不全の事例からみた
終活のあり方

千葉大学大学院 工学研究院 地球環境科学専攻 教授
小 林 秀 樹

1. はじめに

マンションは，いつか「終わり」を迎える。それは，二つの形をとる。
一つは，建物が取り壊され，建て替えられることなく敷地が売却されて
終わりを迎えることである。もう一つは，建物は存続するがマンション
という所有の形が終わりを迎えることである。後者は，たとえばマンシ
ョンが一括して売られてホテルや老人ホーム等に改修される例である。

この二つの形は，いずれも区分所有建物ではなくなることを意味して
いる。これを区分所有関係の「解消」と呼んでいる。では，「建替え」
はどうだろうか。建替えは，古い建物は取り壊されて終わりを迎えるが，
それぞれの区分所有権は新しい建物に受け継がれる。つまり，マンショ
ンが建物の形を変えて存続しているとみることができる。

さて，この章でとりあげる「終わり」は，おもに解消のことである。
このような「終わり」は，通常は，遠い将来のことであり区分所有者が
意識することはない。しかし，すでに管理不全に陥っているマンション

《第1部》事例に学ぶマンションの終活

にとっては目前の課題となる。ここでは，管理不全事例を紹介した上で，管理不全が発生する理由を考えてみたい。さらに，それを踏まえて，マンションの終活のあり方を展望しよう(注1)。

もちろん，現在のところ，一般ファミリー向けマンションの管理不全は稀である。しかし，投資用の購入が多いマンション，リゾートマンション，火災や地上げ等の特殊な経緯をもつマンションでは，先行的に管理不全がみられる。これらは，将来の一般マンションの課題を先取りしている点で注目したい事例である。

2. 管理不全とは——管理の機能不全と建物の不全状態

ところで，管理不全とは何であろうか。正確にいえば，次の二つの状況を指している。一つは，管理組合が存在しないか，あっても機能しておらず，マンションの維持管理に支障をきたしている状態である。これを「管理の機能不全」と名づけよう。

もちろん，管理組合が機能していなくても，管理会社が適切に維持管理していれば，当面の問題は少ない。したがって，管理の機能不全とは，管理組合のみならず委託を受けた管理会社についても十分に機能していない状態を指している。

もう一つは，「建物の不全状態」である。つまり，建物や設備が劣化または損傷したまま修繕されずに放置されている状態である。これは，建物の外観からある程度はわかるため，管理不全マンションのイメージにつながっている。

以上を踏まえて，ここでは，マンションの管理不全について，以下のように定義する。つまり，「管理の機能不全が建物の劣化や損傷の放置

18

を引き起こしている状態」である。この定義によれば，建物が不全状態であっても，管理組合が適切に機能しており，修繕や建替え等の方策を検討中であれば，管理不全とは呼ばないことにしたい。この場合は，いずれ修繕・建替え・解消等の合意形成がはかられ，建物の不全状態が解決されることを期待している。

　以上のように，管理不全が顕在化するのは，管理の機能不全が建物の不全状態を引き起こしている場合である。この状態が放置されることは，区分所有者にとっても地域にとっても大きな問題であり，マンションの終活を含めた多面的な検討が求められる。

3. 管理不全マンションの実態を知る

　日本マンション学会が全国の代議員に依頼して収集した管理不全事例から[注2]，都市部の特徴的な事例を紹介しよう（リゾートマンションは別章参照）。なお，マンションが特定されることを避けるため，立地や諸条件は伏せることをお許し願いたい。

● Ａマンション──投資用で管理会社倒産

　大都市の利便性が高い場所に立地する築約45年の投資用マンションである。バブル崩壊後に管理会社が倒産したが，区分所有者が各地に散在して管理組合の実態がなく，管理会社の交代を決められずに維持管理が放置された。その結果，給配水管の劣化による漏水，建物周囲のゴミの放置，外壁の汚損等が生じ管理不全に陥っていた。しかし，本マンションが管理不全の典型例として新聞等で注目されたことから，危機感をもった一部の区分所有者が管理を担うようになり，マンションの設備や外壁の修繕が行われて再生している。立地がよく賃貸需要があることが

《第1部》事例に学ぶマンションの終活

再生の動機づけになったと考えられる。

● Bマンション──立地が不便で空き室増加

　地方都市郊外において，自宅用と投資用の両目的で分譲されたマンションである。バブル最盛期の1990年に完成。しかし，その後の人口減少による住宅需要減退の影響を受けて，投資用の賃貸住戸に空き室が多数生じて管理費が滞納された。それが常態化したため管理会社が撤退し，管理不全となった事例である。現在，居住している少数の区分所有者が清掃・維持をしているが，建物全体の修繕の目処はたっていない。

● Cマンション──地上げの失敗で管理不全化

　駅前商業地に立地するマンションで投資用の購入が多い。反社会的団体の事務所が入居したことから区分所有者の所有継続意欲が低下し，バブル経済期に地上げが試みられ相当数が買い占められた。買い占めた業者は管理費を支払わなかったため電気・水道を止められて管理不全化した。その後，買占め業者が倒産して転売が繰り返された。現在は，管理組合が組織化され，自己居住の他，賃貸住宅，貸オフィス，ホテル等に利用されている。しかし，建物全体の修繕の目処はたたず，火災が発生して放置された住戸もある。現在も管理不全状態が続いている。

● Dマンション──分譲当初から管理未整備

　築50年のマンションで分譲当初から管理組合や規約がなく，修繕積立金の設定もなかった例である。さらに，道路側の駐車場敷地を分譲主が所有し，それが転売されたため，権利関係が複雑になっている。これまで有志が管理費を集めて維持管理をしてきたが，設備劣化による水漏れの多発，火災の発生等により管理不全化し，大規模修繕の目処はたっていない。

● Eマンション──最低限の維持管理で存続

　大都市の繁華街近くの築50年のマンションである。大規模修繕がで

20

管理不全の事例からみた終活のあり方

旧同潤会アパート

外壁剥離と落下防止ネット

ゴミ放置（松本恭治氏撮影）

《第1部》事例に学ぶマンションの終活

きずに随時の補修で対応してきたが，外壁の汚れや劣化が目立っている。しかし，建物や設備の最低限の補修は行われており，居住できる状態は維持されている。周辺相場より安い家賃で借りられるため，空き室はほとんどない。このように，必要最低限の修繕で使い続けている例は他にもみられる。これは，管理不全には入らないと考えられるが，その一歩手前の状態ということができる。

4. マンションが管理不全になる理由とは

　このような管理不全事例を踏まえて，管理不全になる理由を整理してみよう（文中の○数字は図1による）。

　Aマンションは，③投資型やリゾート型で所有者が分散しているため管理に無関心で意思決定ができず，④管理会社の倒産（⑦修繕積立金の毀損・損失もあったと推定される）により，管理不全に陥っている。なお，当初から投資型でない場合も，しだいに賃貸化が進むことで所有者の無関心が進み，⑥管理費・修繕積立金の不足が解消できない例もある。

　Bマンションは，⑨地価下落・マンションの需要低迷が契機となった例である。区分所有者が居住している場合は，住宅需要低迷の影響がすぐに現れるわけではないが，本事例のように，賃貸利用が多いと需要低迷が空室増加に直結しやすい。

　Cマンションは，⑤反社会的団体の関与・地上げ進行が原因であり，Dマンションは，①分譲時の未整備（管理組合なし，所有形態が複雑）であったことが原因と考えられる。

　一方，Eマンションは，⑥管理費・修繕積立金の不足が原因といえる。しかし，最低限の管理は行われており入居者の需要もある。いわば低空

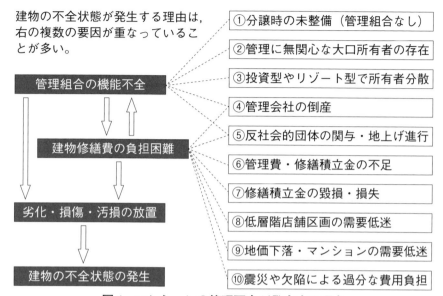

図1 マンションの管理不全が発生する理由

飛行の管理が行われている事例である。

 他の例として，等価交換マンションで大口所有者が存在するが，その所有者が管理に無関心な場合，つまり②管理に無関心な大口所有者の存在により，大規模修繕の実施が放置されている例があった。さらに，⑧低層階店舗区画の需要低迷も大きな要因である。地方都市では，郊外大型店に押されて都心部であっても店舗需要は低迷している。その影響を受けて店舗が空き室となり管理費の滞納が生じて，マンション全体の管理に悪影響を及ぼす例がある。これを解決するために，店舗部分を管理組合が安く買い受け，集会室や駐車場にした例もみられる[注3]。

 以上の他，欠陥工事で建物が使用不能になったが，分譲および施工会社が倒産しており，修繕費が負担できない，つまり⑩震災や欠陥による過分な費用負担が困難なため放置されているマンションがあった。

《第1部》事例に学ぶマンションの終活

5. 終活の前に──管理不全マンションの再生

　さて，管理不全を解決するためには，どうしたらよいのだろうか。すぐに「終活」に向かうわけではなく，まずは建物の修繕等の実施を検討することになる。その流れを整理してみよう。

❶──基本は管理不全にならないこと

　管理不全に陥らないこと，つまり予防が最善の対策であることはいうまでもない。修繕積立金を適切に設定して大規模修繕等に備え，滞納があればすぐに対応することが基本となる。さらに，大都市の自治体ではマンション管理条例を制定する例が登場している。これは，長期修繕計画を策定する等の基本事項を義務化するとともに，マンションの登録を進めて管理不全に陥る前に専門家派遣等の対策を講じようとするものである。その先駆として，東京都豊島区のマンション管理推進条例（2013年施行）がある。

❶第1段階──専門家支援による管理組合の正常化

　マンションにおいて，建物の修繕や建替え等の意思決定を行うのは管理組合である。このため，管理不全に陥ったマンションの最初の対策は，管理組合の正常化・機能回復を図ることである。そのために管理規約と役員を定め，総会を開催する準備を進めることになる。

　しかし，区分所有者が自主的に管理組合を正常化することは容易ではない。それができないから，管理不全になったのである。このため，外部専門家等の支援が必要になる。アドバイザーの立場が一般的であるが，理事長等として関与する方法（第三者管理と呼ばれる）もある。その専門家に支払う費用は，管理費から支出することが原則だが，管理不全状態ではそれが難しい実態を踏まえて，自治体がマンション管理士等の派

24

遣に補助する例が増えている。

この場合，管理組合からの要請による派遣だけではなく，自治体が管理不全の恐れがあるマンションを把握しつつ，押しかけ派遣をすることも今後は必要になろう。

❷第2段階──建物修繕の実施

管理組合の正常化と並行して，最初に取り組むのが建物修繕や清掃の実施である。そのためには，管理費および修繕費の徴収が必要になり，その決議と費用徴収に取り組むことになる。また，余力があれば，建物を現代水準に近づけるための改修を検討することになる。

ところで，今後は，管理不全マンションの再生に取り組む民間ビジネスが発展する可能性がある。具体的には，再生を担う会社が一定数の住戸を安価に買収した後で，管理組合の正常化と建物修繕を行い，再生後に所有住戸を売却して利益を上げる事業である。このビジネスモデルは，マンションの値上がりが期待できる至便な立地に限られるが，今後の可能性があろう。

❸第3段階──建替え等の検討

建物修繕に過分な費用がかかる場合は，建替えが選択肢となる。また，耐震性に劣るマンションについては，建替えだけではなく，解消・敷地売却が特別多数決で決定できるようになった（建替え円滑化法2014年公布・施行）。ただし，現在のところ，耐震性に劣ることを証明できる場合に限られていることに留意したい。

❹第4段階──新しい法制度の検討

建替え成功例をみると，区分所有者の費用負担がなし，または少額で済む場合に限られている。多額の費用負担が生じると，4/5以上という多数が建替えに賛同することが難しいからである。このため，建替え後に容積率をアップして住戸を増やすことができ，かつ，その増やした住

《第1部》事例に学ぶマンションの終活

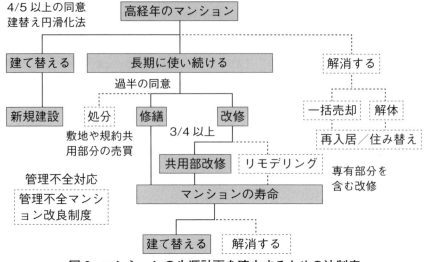

図2　マンションの生涯計画を確立するための法制度

（注）　区分所有者の多数決制度が未整備で全員合意が求められる事項として，解消の他に，処分行為（敷地の一部譲渡や借地権設定，規約共用部分の売買等），リモデリング（専有部分の改造を含む共用部分の変更）がある。

戸を高く販売できる高地価の立地であることが，建替え成功の条件となっている。

　しかし，管理不全に陥るマンションは，容積アップの余地がなかったり，立地が悪かったりと，そもそも建替えが困難な場合が多い。

　一方，マンションを一括売却する解消であれば，区分所有者の費用負担を必要としないため，管理不全マンションでも事業が成立する可能性がある。ただし，現時点では，前述したように耐震性不足を証明できることが条件になっている。

　以上のように，建替えと現行の解消には限界があることを踏まえると，今後は，一般老朽マンション向けの新しい解消制度が必要と考えられる。それが創設されれば，マンションの修繕・改修・建替え・解消というマ

ンションの生涯にわたる選択肢が確立する（**図2**）。マンションの「終活」
に向けた法的条件が整うのである。

6. マンションの「自主的終活」と「強制的終了」

　さて，これまで述べた管理不全マンションが示唆することは，マンシ
ョンの終活を考えるにあたり，自主的終活と強制的終了の二つがあるこ
とである。

❶自主的終活とは

　マンションの終活を担うのは管理組合である。管理組合は，マンショ
ンの終わりに向けてどのような活動をするのだろうか。当然ながら，解
消だけが選択肢ではない。建替えと解消を比較しつつ，マンションの終
わりに向けて検討することになる。

　具体的には，解消や建替えについて勉強を始め，それが直近の目標に
なるならば，事業計画を検討して合意形成に向けて活動する。逆に，マ
ンションを長く使い続けるならば，建物の修繕をきちんと行い，さらに
外断熱化や耐震化など，建物の質を高めるための改修を検討することに
なる。

　このように管理組合が自ら合意形成を進めつつ，マンションの終わり
に備えることを「自主的終活」と呼ぶことにする。つまり，解消と建替
えを比較検討しつつ，管理組合が将来に備えることである。

❷強制的終了とは

　ところが，管理不全の実態が示すことは，管理組合が機能していない
事例が多いことである。その解決に向けて管理組合の正常化に努めたと
しても，それが成功するとは限らない。管理が崩壊したまま放置されて

《第1部》事例に学ぶマンションの終活

しまう懸念は強い。このような場合は，自主的な解決は困難となり，行政が代執行して建物の修繕や取壊しを行うしかなくなる。つまり，マンションの強制的な修繕，または「強制的終了」（取壊し）が必要になる。

❸一戸建て住宅の空家対策との類似

　強制的終了は，一戸建て住宅における迷惑空家対策に類似している。2014年に成立した空家対策特別措置法（2015年施行）では，地域に悪影響を及ぼす放置空家を「特定空家」に認定し，行政による指導・勧告・命令，そして代執行の手続きを定めている。

　もちろん，マンションの場合は，全戸が空家ではなく居住している専有部分がある状態が予想される。さらに，所有者が複数人のため対策が複雑になる。しかし，管理組合による自主的解決が難しい場合に備えて，行政による代執行の方法を整えておくことがいずれ必要になるであろう。

7. マンションの終わり方
——「自主的終活」に向けた新しい解消制度の提案

　マンションの自主的終活に向けて，建替えは現行法で特別多数決（議決権および区分所有者数の各4/5以上）による実施が可能である。しかし，前述したように，建替えだけで終活を進めることは困難である。そこで，新たな解消制度の提案を紹介しよう。

　マンションの解消制度とは，特別多数決により区分所有関係を解消することであり，決議成立により，建物解体，敷地売却，建物と敷地の一括売却のいずれかを行うものである。これまで，「被災マンション」（2013年6月法改正）と「耐震性に劣るマンション」（2014年6月法改正）について解消制度が成立している。前者は，被災による建物の大規模滅失を

条件とし，後者は耐震性を表すIS値0.6未満を条件として，特別多数決で解消決議が成立する。これを一般老朽マンションに拡大することが提案の趣旨である。

　以下で，一般老朽マンションを対象とした解消制度の論点を整理してみよう。

(1)　解消制度提案の論点——客観的要件は必要か否か

　マンション建替えでは，特別多数決が成立するための客観的要件（老朽度や被災度等）は定めていない。つまり，単純に4/5以上の賛同があれば建替え決議が成立する。これにならって，解消制度についても客観的要件をなしとすることが考えられる。これは適切だろうか。その検討のために，建替えと解消の違いを整理しておこう。

(2)　建替えと解消の違い

　建替えに比べると，解消には以下の違いがある。

❶居住および所有権の継続は保証されない

　建替えは，本人が希望すれば建替え後のマンションを所有して居住できる。一方の解消では，解消後にマンションが建設されるかどうかは不確実である。もちろん，マンション建設を条件として敷地を売却することもできるが，それを前提としない敷地売却も多数決により決定される。このため，居住および所有権の継続は保証されない。

❷借家権は消滅するが実態上の差異は小さい

　上記と同じく，建物が滅失するため借家権も継続できない。なお，建替えでは，建替え後のマンションを借家人が継続利用できる道があるが，実態としては，金銭補償をして，借家権を消滅させることが一般的である。このため，建替えと解消の差異は実態としては小さい。

《第1部》事例に学ぶマンションの終活

❸抵当権の移し替えができない

建替えでは，抵当権は建替え後のマンションに移し替えられ，その手続きが建替え円滑化法で担保されている。このため，抵当権者の同意は必要としない。しかし，解消では，抵当権は強制的に消滅する。これを抵当権者の同意不要で実施すると，抵当権への信頼を損なう恐れがある。このため，解消では，抵当権の取扱いについて慎重に検討することが必要になる。

❹解消では敷地の買受人が転売できる

建替えでは，建替え組合または分譲事業者が建替えを遂行する。分譲事業者は，反社会的団体等の関与を忌避するとされ，事実上，建替え事業に反社会的団体が関与することは困難とされる。一方，解消では，敷地の買受人が転売することが可能であり，いわゆる土地ロンダリングが成立しやすい。

以上の違いを踏まえると，解消制度では，少数反対者や抵当権の保護について慎重に配慮することが必要になる。したがって，所有権の金銭精算を強制するに足る「客観的要件」がある場合を中心に，特別多数決による解消を認める制度が望ましいと判断している。

(3) 客観的要件に関する議論

次の4つの案がある。❶～❸は区分所有法の改正を想定したものである。

❶客観的要件を定めず少数反対者等に配慮する

客観的要件はなしとし，代わりに不適切な地上げ等を防いだり，少数反対者，借家権者，抵当権者への配慮を確認するために，行政庁や裁判所の関与を求める案である。

❷修繕費用の過分性を要件とする

老朽化に伴い解消を必要とする観点からは，2000 年以前の建替え決議の要件であった「修繕費用の過分性」が客観的要件の一案となる。この要件は，具体的な基準が曖昧でトラブルが生じた反省から，2000 年の区分所有法の改正により削除された。しかし，建替えでは，費用負担なしの建替えもあるため過分性の判断は混乱するが，解消の場合は，単純に修繕費用と中古価格を比較することで「費用の過分性」を判断できる可能性がある。

❸築年数を要件とする

　建築後の年数を目安とする案で，50 年，80 年等の案がある。ただし，年数を定めると，マンションの寿命と誤解される懸念が払拭できない。

❹老朽化の判定基準を定めて行政庁が判断する

　耐震性に劣るマンションの解消制度（建替え円滑化法）を改正し，その要件を耐震性以外に拡大する案である。構造安全性の他，材料の劣化，防火避難，設備水準，居住性，地域への悪影響等の項目を判断することが想定される。

　以上を比較した結果，まずは❹の案で実現し，その成果をみて，他の案を検討するという流れが現実的であると考えられる。

(4)　建物の用途変更を可能にする解消制度

　耐震性に劣るマンションの解消制度では，建物の取壊しを要件としている。しかし，これからの環境配慮時代を踏まえると，建物を取り壊すだけではなく，建物を耐震改修してマンションから老人ホームに用途変更したり，あるいは，マンションを再分譲したりする方法が選択できることが望ましい。

　以上が，筆者らが提案するマンションの新たな解消制度である。この

《第1部》事例に学ぶマンションの終活

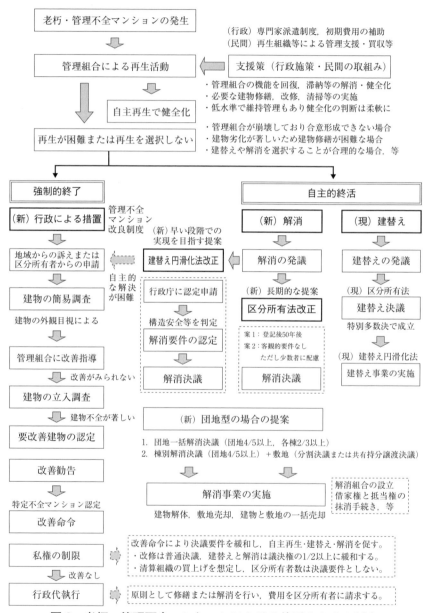

図3　老朽・管理不全マンションにおける終活のための制度

制度が成立すれば，マンションの自主的終活に向けて大きな前進となると期待している（**図3**）。

(5) 「管理不全マンション改良制度」の提案

マンションの強制的終了がいずれ必要になる一方，管理不全マンションにおいて，管理組合が崩壊して自主的解決ができない場合はどうすればよいのだろうか。

その解決策として，一戸建て住宅を対象とした空家対策特別措置法に準じて，そのマンション版である「管理不全マンション改良制度」を提案したい。まず，一戸建て住宅との違いを踏まえつつ，本制度の特徴を整理しよう。

❶空室であることを条件としない

管理不全マンションにおいて全戸空室になることは極めて稀であるため，地域に悪影響を及ぼすことが明確な場合は，居住の有無にかかわらず改良制度の対象とすることになる。

❷建物調査が必要になる

建物の不全状態の判断にあたり，一戸建て住宅とは異なり，マンション内部に立ち入るなどの詳細調査が必要になることがある。この調査の手続きを定めることが求められる。

❸自主的解決を促すための決議要件の緩和

行政代執行は最後の手段である。その前段において，修繕・建替え・解消等の決議要件を緩和し，できる限り自主的解決を促すことが望ましい。たとえば，建替えや解消を過半数でできるようにすることである。また，所有者不明住戸の存在が解決を難しくするため，その権利と義務を公的機関が代行するような制度の創設も一案である。

❹行政代執行の実施と費用請求

《第1部》事例に学ぶマンションの終活

　以上の決議要件の緩和によっても解決できない場合は，行政代執行を行うことになる。この場合，建物の修繕または取壊しを行うが，その費用は，行政が区分所有者に対して税金と同じ扱いで請求することを確認したい。

　マンションの終わりについて，以上のような行政代執行を伴う「強制的終了」がいずれは必要になると考えられる（図3）。

8. おわりに

　現在，一般ファミリー向けマンションの管理不全は例外的である。しかし，近い将来，大きな社会問題になることが予想される。そのような時代を迎えて，できる限り修繕・改修して建物を長持ちさせつつ，最後は，マンションの「終活」に備えることが必要になる。

　本章では，管理不全マンションの実態を踏まえて，終活のあり方を検討した。その結論は，第一に，管理組合が「自主的終活」を行うことの大切さである。現行法では，建替えを中心に検討することになる。第二に，終活をさらに円滑に進めるために，老朽マンションを対象とした一般解消制度の必要性である。それに向けて，新たな解消制度の提案を紹介した。そして，第三に，管理不全マンションでは自主的解決が困難な場合があると予想され，行政代執行を含む「強制的終了」が必要になることである。そのために，空家対策特別措置法に準じた「管理不全マンション改良制度」を提案した。

　マンションの「終わり」は遠い将来のことではない。管理不全マンションでは現在進行している問題である。そこに学びつつ，将来の一般マンションの終活に向けて，新たな法制度の創設に取り組むことが期待さ

れる。

（注1）　本章の内容は以下を参照している。解消制度特別研究委員会「マンション解消制度─検討の経緯と提言」『マンション学』60号，日本マンション学会，pp.107-123，2018.5

（注2）　管理不全マンションの事例は以下に詳しい。「特集・マンションの管理不全と解消制度」『マンション学』56号，日本マンション学会，2017.1

（注3）　松本恭治氏が文献で紹介し，筆者研究室が調査した例がある。小林秀樹「コンパクトなまちづくりに向けた既存マンションの活用」『マンション学』51号，日本マンション学会，p.30，2015.4

マンションの管理不全の現状

弁護士・けやき法律事務所
折 田 泰 宏

1. マンションの終活とは

　終活とは，「自らの人生の終わりに向けた活動」の略語であるとのことであるが，マンションについてはこの意味での終活はない。つまり，人間は死という事実は避けられないことであるから終活の意味はあるが，マンションという建物は鉄骨であれ，鉄筋であれ，適正な維持管理をしていけば物理的にほぼ永遠に存在する。

　したがって，区分所有者が考えるべきことは，本来は，いかに住居・店舗として長く快適に使えるようにマンションを維持していくかということであって，これは長寿化，延命化であって終活ではない。

　しかし，いかに主体的にマンションの死を選ぶことができるようにするかを考えておく必要もある。すなわち，建替えであり，敷地売却処分である。敷地売却処分については，最近の法律で所定の客観的要件が満たされれば多数決で決めることができるようになった。これがまさしく終活の話となるが，この終活を準備しないままマンションがスラム化し

《第1部》事例に学ぶマンションの終活

ていくと，居住者もいなくなって廃墟のようになり，建築基準法第10条による除却処分の対象となる。

実は，この課題が本書の「終活を考える」というテーマで求められているのではないかと思うが，本章では，終活ではなく，我が国の喫緊の課題と思われるマンションの長寿化，延命化の課題について検討することとする。

建物の長期利用を可能にするものは，建物の維持管理と管理体制の適正化である。我が国ではまだマンションの歴史は浅いが，国交省の推計では2033年には築40年を超えるマンションが約264万戸になるとみられている。そのような大量のマンションの高経年化の中で管理不全が問題となってくる。区分所有者の高齢化，空き家・賃貸住戸の増加等により管理組合の機能が低下し，マンションの適切な維持管理・更新が滞る可能性が高くなる。

リゾートマンションのスラム化は既に進行しているものの，首都圏などの都市部でも現在は極一部の事例が取り上げられている程度であるが，将来的には多くの分譲マンションでスラム化が問題になることが予想される。

2. マンションの管理不全の現況

マンションの管理不全の現状については，日本マンション学会が，マンションの区分所有の解消制度の検討のために各地の管理不全の実態を調査し，『マンション学』56号でその報告がなされている。管理組合が機能していないリゾートマンション，投資用マンション，また住宅需要が低くなっている都市部およびその周辺のマンションにその傾向が強く

38

なっている。

筆者が見聞した事例は多種多様であるが，特徴的な事例を5例紹介する。

(1) 外廊下が崩落し，使用できなくなった沖縄のマンション

沖縄のX市の事例である。この物件は1974年に建てられたマンションで，A～Dの4棟で構成されている。すべての棟が鉄筋コンクリート造3階建てとなっており，A・B・D棟が片廊下型，C棟が階段室型の住棟である。管理組合は構成されておらず，管理規約もなく，管理会社との契約もない。

2009年9月3日にA棟の外廊下が崩落する事故が発生した。

X市役所の担当者によれば，上記事故の原因として，かぶり厚の少なさに加えて，コンクリート材料に塩分濃度が高い海砂を使用した可能性が高いということであった。

いずれの敷地も，建物の区分所有者の共有でなく借地である。定期借地ではない。

A棟はX市により立入り禁止となり，B・D棟も危険判定の結果が報告され，この報告を受けて，B・D棟の居住者に建物使用自粛の指導がされた。

その後，消防局によってA棟が立入り禁止となり，さらに建築基準法第10条による使用中止勧告書が居住者に発送された。また，2010年には，B棟の西側屋上庇部スラブの一部が剥離し，隣家マンション敷地に落下した。しかし，区分所有者同士の話合いが行われることはなく，X市の世話で2011年2月にA・B・D棟住民の意見交換会が開催された。44軒に開催の通知を行い，意見交換会には15名が参加し，A棟については区分所有者の親族が取りまとめ役に決定され，B・D棟については今

《第1部》事例に学ぶマンションの終活

後合意形成に向けて話合いを進めることとなった。

　しかし，その後も目立った進展はなく，2015年11月になって，D棟所有者および関係者による話合いが行われ，D棟地主から，解体費用は地主側が負担するので，解体の方向で進めて欲しいとの申し出があり，これについて，区分所有者の参加者は同意し，D棟だけは解決の方向に進んでいる。

　このマンションの事例は，都市部においてマンションがスラム化していくとどうなるかを示す典型例である。しかも，このマンションは管理組合も管理規約もないことから，意思形成のルールも場もないという最悪の状況にあり，自己再生機能を有していない。現行法では，建築基準法第10条に基づき，「損傷，腐食その他の劣化が進み，そのまま放置すれば著しく保安上危険となり，又は著しく衛生上有害となるおそれがあると認める」として行政側から除却勧告，命令の措置を取るしかないと思われる。あるいは，市も検討しているとのことであるが，2015年5月26日に施行された「空家等対策の推進に関する特別措置法」の適用により行政代執行による撤去が考えられる。

(2)　再生方針が決められなかった熊本の被災マンション

　2016年4月の熊本地震の被災マンションの事例である(注1)。熊本市西区にある鉄骨コンクリートブロック造4階建てのSマンションは，築39年の旧耐震の建物である。戸数は36戸。罹災判定は全壊。地震保険も全損の認定であった。

　しかし，このマンションには管理規約がなく，輪番制で役員が2名（2012年からは役員4名）選任されていたが，総会は開催されることはなく，管理会社との契約もなかった。

　このようなマンションでも平常時には役員が最低限の世話をすること

40

で特に問題が起きることがないが，災害のような異常事態が発生したときにはたちまち収拾がつかなくなる。もともと総会のような話合いの場もないことから，復旧・補修を希望する役員・居住区分所有者と解体・売却を希望する非居住区分所有者との間で激しく対立し，役員も総会の開催をしようとしなかった。

　しかし，多数決で解体決議ができる被災マンション法の適用期限（対象災害と定めた政令施行日から1年）および公費解体の申請期限が2017年10月4日に迫ってくる状況の中で，熊本市の援助で派遣された弁護士，マンション管理士の懸命の努力で補修派が断念し，同年11月6日，少数区分所有者の招集による集会が開催され，出席者の33名全員が解体に同意し，残る3名も個別に同意し，熊本市の解体申請が受理されることとなり（申請自体は10月4日までに仮申請をしていた），2018年3月には解体が完了し，また全員の合意で敷地が売却処分され，10月には売却代金や地震保険金等が各区分所有者に分配されて終了した。

　解体か補修かで合意形成ができないまま，公費解体の適用が絶望的になった段階で，専門家の懸命な努力で救われた事例である。熊本では大きな被害を受けながら，方針を巡って区分所有者間で対立し，また専門家への相談が遅れたために公費解体の期限を逸し，2018年12月末日時点で未だに解決方針が固まらないマンションが三つある。

⑶　不良入居者のために機能不全に陥った小規模マンション

　1981年築の京都市の鉄骨造陸屋根3階建てマンションの事例である。観光地に近く立地条件は抜群であり，戸数8戸（住宅7戸，店舗1戸）の小規模マンションである。このマンションの1階に管理組合の組合員であることを認めず，管理費，修繕積立金を支払うことを拒否し続けるA区分所有者の家族がいた。水道料金も支払わないが，水道局からもこ

《第 1 部》事例に学ぶマンションの終活

の家族の部屋については管理組合への請求がなく，後に水道局は低い定額で支払うことの特別扱いをしていたことがわかった。

2000 年に弁護士が入り，管理費等の滞納について訴訟提起，判決は管理組合勝訴で確定し，A 区分所有者は，未納分は完済したが，遅延損害金は支払おうとしなかった。さすがに，その後は管理費等を支払うようになったが，何かにつけて居住者に暴行，暴言，嫌がらせを繰り返すようになった。管理組合では，この訴訟の前に管理規約を改正して管理者管理に切り替え，弁護士が管理者に就任して彼らの攻撃の盾になろうとしたが，いたたまれずに 3 人の区分所有者が退去してしまった。このマンションの状況は業界でも有名となり，資産評価は下がる一方であった。

その後，2007 年に水道管直結工事をすることになったが，彼らの妨害を防ぐために工事妨害禁止の仮処分を得て，多数の警察官が駆け付ける中で無事工事を完了した事件もあった。管理組合としては区分所有法第 59 条による競売手続き^(注2)で彼らの退去を実現することを検討したが，その手段では居住者の身の安全の確保に問題があるため，彼らの嫌がらせのために退去せざるを得なかった外部のテナントからの損害賠償請求等複数の訴訟を提起し，通常の競売手続きで退去を実現する方針をとった。契機は，2008 年に，京都市が彼らに対する水道料金の特別扱いを止め，まとめて管理組合に請求したいと通告してきたことからであった。実は，彼らの水道料金は，その理由は今でも謎であるが，1 期（2 か月）5 万円と異常に高額であり，一時的にしてもこれは管理組合としては大きな負担となるが，彼らに対する訴訟提起の機会が得られることでこれを承認し，彼らに対する三つ目の裁判を提起した。彼らは，これは水道管からの漏水であって管理組合に責任があると強弁したが，2015 年，勝訴確定判決を得ることができ，翌年には強制競売により第三者が

42

競落し，ついに彼らは退去した。実に20年ぶりにこのマンションに平和が戻ったのである。管理体制は理事会管理体制に戻された。

このような小規模なマンションでは，一室でもアウトローがいると，その運営に与える影響は極めて大きく，その解決には大変なエネルギーと時間が必要である。しかし，これを乗り越えない限り，スラム化の運命が待っている。

このようなアウトローの区分所有者のために管理不全に陥っているマンションは珍しくない。理事長に就任するや理事会を開催することなく，総会も開催することなく，会計報告もしないまま5年間も理事長に居座っているマンションがある。別のマンションでは，理事長が理事会運営費という予算項目を濫用して，理事会の終了後に理事を連れて食事代，飲み代に費消していたというウソのような話もある。中にはクラブの領収書もあった。お相伴に預かった理事はおかしいと思ったが，理事長が怖くて言えなかったとのことである。

このような状況に陥ったマンションについて，一区分所有者が改革に踏み切ったとしても，大変なことであり，解決には時間と労力がかかる。下手をすると，危害を加えられる危険もある。早期に解決しなければ，その噂は広まり，資産評価は下落し，空住戸が増え，管理の状況はさらに悪くなる。

⑷ 築47年を経過し管理不全に陥っていたが，行政の支援で再生を果たしたマンション

1971年築の7階建てSRC造のマンションである。京都の第一級の観光地の近くにあり，立地条件は抜群で，建物の前には緑地があり，雰囲気の良いマンションである。戸数は94戸で，そのうち2戸が店舗である。

このマンションは当初は委託管理であったが，管理会社からの管理料

《第1部》事例に学ぶマンションの終活

の大幅値上げの申出を契機に 1976 年から自主管理に踏み切り，理事長をはじめとする理事会の活発な活動と，管理会社から移籍して管理組合に雇われた管理員の頑張りでしばらくは順調な管理運営がなされていた。

ところが，自主管理の宿命といってもよいかと思われるが，管理に熱心に取り組んできた理事の高齢化，退去等の事情から，徐々に管理が行き届かなくなり，給排水管からの水漏れ等各所に不具合が起きるようになった。2013 年には，折から高経年マンションの再生に関心を寄せていた京都市から専門家派遣の提案があり，専門家（マンション管理士）の支援を得て，大規模修繕委員会を結成し，また，それまで共用部分と専有部分との区別があいまいであり，管理費会計と修繕積立金会計の分離もされていなかった管理規約の改正も併せて行うこととし，2014 年には専門家派遣事業で派遣されたマンション管理士を外部理事として就任してもらい，2018 年 2 月に着工した大規模修繕工事は同年 7 月に竣工した。

このマンションの場合，人材的にも本来は自主的に解決する能力を保持しているマンションであったが，専門家の支援を得ることで，その能力を見事回復したものと思われる。管理不全マンションに対する行政の積極的な支援と専門家利用の仕方についての成功事例である。

⑸ **理事長，監事を外部の専門家に依頼することで，管理の劣化を防いでいるリゾートマンション**

リゾートマンションの管理不全については別章でも紹介されているが，近畿のあるリゾートマンションでは，管理の劣化を防ぐために外部の専門家を理事長，監事にしている。

このマンションは，1989 年から 1991 年にかけて竣工した 4 棟で成り立ち，うち 3 棟は住戸 225 戸，店舗 4 戸の居住棟であるが，他の 1 棟は

44

居住棟に供給する温水のためのボイラーと給湯管を管理し，また浴場設備を持ち，リゾート利用者にサービス提供を目的とする管理棟である。

リゾートマンションではよくあることだが，分譲時にはこの管理棟は分譲会社が所有し，リゾート利用者に有料でサービスを提供していた。また，各居住棟については管理者管理として，分譲会社系列の管理会社が管理の委託を受けるとともに区分所有法上の管理者に就任していた。

ところが，管理棟建物あるいは設備が老朽化のため，これまでの利用料では維持が困難になってきたという事情と経営方針の変更もあって，分譲会社から管理棟とその敷地を3棟の区分所有者に無償で譲渡したいとの申し入れがあり，3棟の区分所有者は団地管理組合を結成し，この団地管理組合が管理棟の建物，敷地を譲り受けることになった。

しかし，この団地管理組合の運営について，これまで各居住棟においてリゾート組と定住組との争いが絶えず，ときには暴力沙汰も起きる状況であり，また役員のなり手や希望者も少なく，区分所有者に運営を任せることは危険であること，一方，この管理棟はこのリゾートマンションの維持・発展にとっては要になる存在であるが，さりとて居住棟とは違って各種業者との取引が多く，管理会社が管理者となることは問題であった。

そこで，理事長の資格について，マンション管理の専門家（マンション管理士，弁護士，公認会計士，税理士等）に限定し，さらに，監事にも区分所有者の監事とは別に専門家監事2名を選任するとする管理規約を成立させた。

理事長については，その専門家個人との契約ではなく，専門家の属する団体との間の契約とし，もしその専門家に故障があれば団体から派遣するものとし，また不祥事があれば損害賠償責任を負うように工夫されている。

《第1部》事例に学ぶマンションの終活

リゾートホテルは，非居住の区分所有者の管理に対する関心が薄いことから，管理は管理会社に任されているところが多い。管理会社が倒産するようなことがあれば，たちまち深刻な管理不全状態に陥る。また，このマンションのように居住者も混合しているマンションでは，管理のあり方についての意識の違いから合意形成が困難である。

このマンションの工夫は，リゾートマンションにおいて，管理会社に任せることなく，また区分所有者の多様な要求のバランスを取りながら，しっかりとした管理を続けていくための一つの試みである。

3. 管理不全はなぜ起きるか

前述のような事例からみても察せられると思うが，マンションの管理不全に至る過程，またその解決に至る過程にはさまざまな事情が絡み合っている。管理不全に陥るマンションにはそれぞれ固有のドラマがあり，その理由については複数の要因が重なっている。住宅需要の低迷など，個人，管理組合としてはどうしようもない社会的・経済的事情が要因となっていることもある。

したがって，管理不全が起きる原因について，これをすっきりと分類することは難しいが，日本マンション学会の解消制度特別研究委員会は，「マンション解消制度についての検討の経緯と提言」(注3)の中で，一つはリゾートマンションを挙げ，また全国の都市部のマンションにおいては，17事例の報告から，管理不全に陥った理由として，①投資型マンション，②店舗併設の影響，③管理方式の未整備の3点を指摘している。

①の場合は，そもそも管理組合が機能しておらず，立地の悪いマンションでは住宅需要が悪く，また，立地がよいところでも管理会社の倒産

により管理不全が進行している。

②の場合は，テナント需要が低迷している地域で店舗部分はシャッター街となり，また維持管理が行き届かないために老朽化が進行している。

③の場合は，たとえば，古いマンションでは修繕積立金がないマンションがあり，また敷地所有者と分譲業者の間の等価交換契約により建設されたマンションでは，元敷地所有者が大口所有者となり，事実上管理組合が機能不全に陥っている。

ただ，①②③の例は，都市部の一般のマンションとやや異なる類型（投資型マンション，店舗併設型，分譲初期のマンション，等価交換方式による建設）に属するものである。しかし，2.で紹介した五つの事例は，都市部の通常のマンションにおいても，管理不全という状況が発生することを示している。

(1)の沖縄の例では，分譲時から建物不全の状態があったとしても，その後の管理に問題があって対応することができなかった。また，(2)の熊本の被災マンションの例では，被災により建物不全の状態となったが，管理が機能していなかったために危うく公費解体の機会を逸しかけた。(4)の事例では，順調に管理運営されていたマンションにおいても，自主管理のマンションでは，時の経過により，管理不全に陥る危険があることが示された。また，管理不全は，共同生活のルールを無視する居住者によっても引き起こされることがあることが，(3)のマンション，(5)のリゾートマンションの例で示された。

そのマンションの持つ多様な要因が作用して管理不全が生じるとすれば，その解決方法についても単純なことでは済まない。ただ，個々の区分所有者が，マンションの建物は自分たちが管理しなければならないとの意識を持ち，管理組合に積極的に参加していくようなマンションであれば，多くの場合，なす術のないほどの管理不全には陥らないというこ

《第1部》事例に学ぶマンションの終活

とは出来る。

　そのことは，実は，マンション管理適正化法第4条に「管理組合は，マンション管理適正化指針の定めるところに留意して，マンションを適正に管理するように努めなければならない。」，「マンションの区分所有者は，マンションの管理に関し，管理組合の一員としての役割を適切に果たすように努めなければならない。」と明記されている。

　しかし，このようなお題目を唱えるだけで，我が国で進行しているマンションの管理不全，荒廃の進行を防止できるわけではない。

4. 管理不全にならないために

　管理不全に陥る危険性が大きいマンションは，管理に関心の薄い非居住の区分所有者が多いマンションである。

　そこで，初めから非居住を前提としている投資用マンション，リゾートマンションあるいは高齢者用マンションもこの類型に入るかもしれないが，通常の居住用マンションとは別の発想で管理を捉え直してよいのではないかと考える。

　すなわち，区分所有者による理事会管理方式は採らない。分譲会社あるいは分譲会社が用意した管理会社が，区分所有者との間の契約で管理者となる。投資用マンションでは賃貸管理業務の委託も受ける。リゾートマンションあるいは高齢者用マンションについては様々なサービス提供も行う。いわば総合マネジメント会社として，区分所有者にサービスを提供する。

　居住用マンションと異なり，この類型のマンションでは，区分所有者は居住というよりも専らサービスを求めているものであり，区分所有者

48

として主体的に管理しなければならないと規定することに無理が生じている。実は，現在のこの類型のマンションの多くは，理事会管理は名ばかりで，実態としては以上のような管理，運営が行われているのである。

確かに管理者であることと，管理会社でありまた個々の区分所有者に対するサービス提供者であることとは利益相反の可能性があり，実際にもトラブルが生じており，また，現在の区分所有法では正面からは認めがたい制度である。

しかし，今後，立法的あるいは行政的な消費者保護的措置を講じることによって，区分所有者が不当な損害を被らないようにすれば，このような管理体制は，マンションの建物の維持管理，区分所有者へのサービスの充実，総合マネジメント会社側の業務の円滑化に有効に機能すると思われる。

それ以外の都市部の通常のマンションが問題である。

当たり前のことであるが，管理規約を整備し，適正な管理費・修繕積立金を徴収し，役員を選任し，理事会，総会を開催し，大規模修繕を定期的に行うということをきちっと実行していくことが必要である。

しかし，現実を見ると，多くの区分所有者は管理に無関心であり，役員のなり手や希望者も少なく，管理会社と契約しているところは管理会社任せで，自主管理のところは特定の区分所有者任せである。この問題の解決は，住居教育の必要性まで言及しなければならなくなる。

そこで，出来るだけ多くの区分所有者がマンション管理に参加できるように，ずぶの素人でも近づきやすいように，以下のような環境整備だけは提案しておきたい。

❶民間支援体制の充実

マンションの管理運営は各分野の専門知識を必要とし，素人には無理であり，専門家の支援が必ず必要である。管理会社に管理を委託してい

《第1部》事例に学ぶマンションの終活

る管理組合であれば，管理会社に身近に相談できるが，補修工事等の問題では管理会社とは利害対立の問題があり，相談相手としては不適切である。特に昨今，管理会社と工事業者との間のリベート問題が騒がれていることから，管理組合としては相談しにくい。他に専門家といえば，弁護士，建築士，マンション管理士であるが，弁護士，建築士にはマンション管理に明るい専門家は少なく，また，マンション管理士も残念ながらまだ管理組合に身近な存在になっていない。

　今後はマンション管理士の活躍が期待できるが，数だけでなく，質の向上を図るとともに，管理組合に責任を持って業務を受任するためには法人化等の組織体制の充実が必要である。

❷行政支援体制の充実

　マンション管理適正化法第5条では，「国及び地方公共団体は，マンションの管理の適正化に資するため，管理組合又はマンションの区分所有者等の求めに応じ，必要な情報及び資料の提供その他の措置を講ずるよう努めなければならない。」と規定されている。

　しかし，マンションの管理不全を防止するには，「情報及び資料の提供その他の措置」を講ずるだけでは到底追いつかない。行政にこのような措置を求めるようなマンションであれば，管理不全の心配はないのである。

　2.の(4)の事例における京都市の施策が良い例であるが，マンションからの要請，相談を待つのではなく，押しかけ的に積極的に行政側から支援を申し入れるような体制が必要である。マンションは私的財産であり行政は介入できないという束縛から抜けきれないところがあるが，行政は，都市部において大きな空間を占めているマンションは準公的財産であると認識して欲しい。管理不全の結果スラム化が進行した場合には，周辺の住民に対しても衛生面，安全面で迷惑をかける存在となるのであ

って，これを防ぐことは自治体の使命であるといってよい。

5. さらにはこんな立法的解決を

　最後に，管理組合が取り組む努力をしようにも，現在のマンション法制およびこれを前提とする行政の対応において，これを妨げるものがあるのではないかという点に注目して検討したい。

　たとえば，本書でも紹介されている京都の西京極大門ハイツは，これまでのマンション管理の常道を超えた管理運営方式を採用して成功を納めているが，マンションの敷地周辺の土地，建物を購入し敷地を拡大していることもその一つである。その建物は集会場やゲストハウスに利用されているが，将来の建替えの場合の容積率の確保が目的であり，まさに終活である。

　ところが，管理組合が不動産を購入することについて，そもそも管理組合がそのようなことができるのか，仮にできるとしても多数決決議でできるかについて，現在の区分所有法第3条が，区分所有者の団体（管理組合）は「建物並びにその敷地及び附属施設の管理を行うための団体」と規定しているところから，法律的には消極的に考えざるを得ないだろう。仮に認められるとしても，全区分所有者の合意での売買取得という解釈とならざるを得ない。実は，西京極大門ハイツだけでなく，実際には管理組合を法人化し，土地あるいは専有部分を購入しているマンションの例は無数にあるが，その効力が裁判で争われた例は未だない。

　この不動産購入問題だけでなく，管理組合の活動には，区分所有法上の制約が重くのしかかっている。たとえば，以下のような問題についても，その可否について現在の区分所有法では問題がある。

《第1部》事例に学ぶマンションの終活

① 高齢者向けのサービス等，個々の区分所有者へのサービス提供

② リバースモーゲージ，債券発行による区分所有者への貸付

③ 借地，借家等の収益事業

④ 不動産の処分行為

⑤ 不良化した滞納管理費の債権放棄・免除

⑥ マンションの補修，再生の手法として，新たな性能，機能を付加する工事や，建物の一部解体，外観変更，用途変更，増改築等

　管理組合の活動を活発にするには，区分所有法第3条を改正して区分所有者団体の目的を緩やかにし，また，同法第17条を改正して共用部分の「変更」だけでなく一定の「処分」も多数決でできるようにする必要がある(注4)。さらに，同法第30条を改正して，管理規約が「建物又はその敷地若しくは附属施設の管理又は使用に関する区分所有者相互間の事項を定める」ことに限定していることについても緩和すべきであろう。

　また，専門家の支援についても，①韓国の法制で見られるように，団地のような大規模マンションにおいてマンション管理士の配置を義務付ける，②マンション管理士の管理組合に対する信用の確保のため，弁護士，税理士等で認められているように法人による活動を認める，③管理不全に陥ったマンションで，沖縄の例のように区分所有者の自主的機能が望めなくなった場合には，企業の破産管財人に類した法定管理者を裁判所が選任するような制度を整備する，等の立法化も考えられる。

6. さいごに

　長年マンション問題に係わっていると，際限なく問題が生じてくるこ

とに正直うんざりしているが，同時に何とかしなければならないと思い
続けている。

　しかし，その解決を考えるときに，唯一マンションを律している私法
である区分所有法という法律が，民法の共有の規定を源とする特別法で
あり，民法の世界に閉じ込められてしまっていることから，現実の問題
に対応するには，マンションという住宅を律する法律としては適格を欠
くのではないかと思うことがある。

　そのためであろうか，国交省の所管のマンション管理適正化法，マン
ション建替え等円滑化法等の公法が整備されて区分所有法の不備を補う
とともに，私法との境界線にじわじわと近づいているように思われる。

　管理不全の解決は，私法的アプローチと公法的アプローチの端境的領
域の問題であると思われ，両領域の専門家が知恵を出し合って，良き解
決策を導き出して欲しい。

（注1）　稲田泰一（マンション管理士）「管理体制に課題を抱える事例—Sマンショ
　　ンの管理体制について考える」『マンション学』59号，日本マンション学会に詳
　　細な報告がある。
（注2）　区分所有法第59条は，「区分所有者の共同生活上の障害が著しく，他の方
　　法によってはその障害を除去して共用部分の利用の確保その他の区分所有者の共
　　同生活の維持を図ることが困難である」ときは，「集会の決議に基づき，訴えを
　　もって，当該行為に係る区分所有者の区分所有権及び敷地利用権の競売を請求す
　　ることができる。」と規定している。
（注3）　解消制度特別研究委員会「マンション解消制度」『マンション学』60号，
　　日本マンション学会
（注4）　拙稿「マンションの補修・改修・リモデリング」『これからのマンションと
　　法』日本評論社

53

リゾートマンションにおける管理不全の実態

株式会社エックス都市研究所
サスティナビリティ・デザイン事業本部
黒 田 美 穂

1. リゾートマンションの課題

　日本では，高経年マンションの増加が進み，2037 年には築 40 年超の
マンションが約 352 万戸になると見込まれている[注1]。そのような状況
の中，すでに指摘されているように，将来的には，多くの分譲マンショ
ンで管理不全化が進むことが予想されている。

　リゾートマンションは 1980 年代後半のリゾートブーム期に特定の市
町村において集中的に建設された経緯から，需要が供給を大きく下回り，
価格が大幅に下落している。また，リゾートマンションは定住目的では
ないため，区分所有者の管理に対する関心が低いことや管理費等の滞納
が深刻であるという課題を抱えている事例も多い[注2]。そのような背景
から，リゾートマンションでは，都市部と比べてマンションの管理不全
化が早くから進んでいる。

　本章では，新潟県湯沢地域におけるリゾートマンションに注目し，湯
沢町役場の職員，湯沢地域のリゾートマンションを扱う管理会社，不動

《第 1 部》事例に学ぶマンションの終活

産仲介会社の 3 団体へのヒアリング結果[注3] により，リゾートマンションの現状や課題を整理する。さらに後半では，管理不全化の危険性を抱えるマンションの特徴や要因を整理し，そのようなマンションにおける終末期問題を考える。

2. 湯沢地域のリゾートマンションの現状

(1) 中古流通や競売の状況

　新潟県湯沢地域はスキーリゾート地として知られている。1975 年からリゾートマンション開発が進められ，1993 年以降は新たなリゾートマンション開発は行われていないが，その間に 74 棟，約 1 万 8,000 戸のリゾートマンション（オーナーズホテルを 4 棟含む）が建設されている。

　湯沢地域のリゾートマンションを取り扱う不動産仲介会社の HP に掲載されている 730 件の住戸情報[注4] を見ると，中古不動産の販売価格は「50 万円未満」のものが 25％程度と全体的に価格の低さが目立ち，地域全体でマンションの市場価値が低下していることがうかがえる。

　住戸の競売の様子からも，その地域のマンションの状況を読み取ることができる。2011 年 1 月から 2014 年 9 月までの湯沢地域における競売予告件数は 144 件あった。湯沢地域の競売住戸において特に注目すべき点は，売却基準価格は 1 万円の住戸の多さである。競売に予告された住戸の売却する下限の価格を売却基準価格といい，住戸の評価額から管理費等の滞納金および遅延損害金を差し引いた価格がマイナスとなっている場合には 1 万円と設定される。湯沢地域のリゾートマンションの競売住戸の中には，売却基準価格が 1 万円のものが 6 割強もあり，そのこと

56

リゾートマンションにおける管理不全の実態

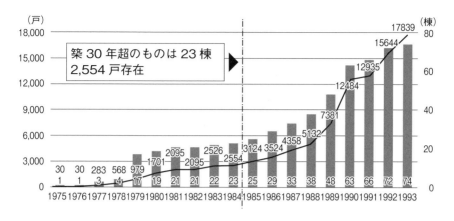

図1 湯沢地域のリゾートマンションの類型建設棟数・戸数の推移

（出所）湯沢町リゾートマンション等の建築状況図（1998年4月）（湯沢町資料），全国マンション市場動向（不動産研究所）より作成

から多数の管理費滞納住戸が存在することがわかる。

(2) リゾートマンションの需要

　不動産会社によると，実はリゾートマンションの中古住宅需要は一時期よりも増加しているそうだ。そのメインの購入者は50代，60代の関東在住者で，リゾート目的での購入であり，湯沢町のスキー観光者の増加とマンション需要が連動していると考えられ，20代でスキーブームを経験した世代が50代，60代になり生活にゆとりができたことと，マンション価格の低下が重なったことが，購入者の増加につながったとされている。

　また，移住目的や地元の子育て世代や高齢者の定住目的での購入も増加傾向にある。これは，雪下ろしが困難となった高齢者や新しく住居を探す若者がリゾートマンションを住まいの選択肢の一つと考えるように

57

《第1部》事例に学ぶマンションの終活

なったことが要因とされている。

　一方で，管理組合は，定住者が温泉等の設備を毎日利用できることや，駐車場を占有してしまうことから，その他の所有者と不公平感が生まれることを嫌う傾向がある。今後，さらにリゾートマンション内の定住者が増加することが予想される中，定住者とそれ以外の所有者が不公平感なく共用空間等を利用するためのルールづくりが必要とされている。

(3)　管理費等の滞納や滞納金の回収

　リゾートマンションはバブル期に建設されたため，所有者の経済状況が購入時と大きく異なる場合があることや，顔が見えない関係のため，管理費等の滞納者が多い傾向にある。しかし，湯沢地域においても管理組合，その中でも理事会の意識の差によって，マンションの管理状態に大きな違いが生まれており，管理組合が積極的に滞納住戸の競売や管理費支払いの催促を行ったことで滞納住戸が0件になった事例も存在する。

　管理組合が熱心な事例では，滞納住戸から未収金を回収するため，「2ヶ月で警告」，「3ヶ月で水道を止め，直接集金に行く」などのルールを決め，初期段階での取立てを行っている。

　一方で，管理費等の長期滞納者の増加により，大浴場やプール等の併設施設の運用コストによる財政の圧迫や修繕積立金の不足が生じ，組合財政が破綻状態に陥っている事例も存在する。管理費等滞納の住戸に対して競売を行っても，住宅価値の低下による競売の長期化や，売却されても滞納管理費等を全て回収することができないといった問題を抱えている。管理費等の滞納が長期化した場合，所有者の経済状況の悪化により回収が難しくなることや，競売を行うための裁判など，労力・経費の負担が大きくなるという課題があり，初期段階での対応が重要となる。

　また，滞納住戸に対して競売を行った際に，事件屋が落札し，管理組

58

合に言いがかりをつけ和解金を要求するといった問題も見られ，管理組合が落札するケースも存在する。しかし，管理組合が競落して所有した場合は宅地業法により販売ができず，滞納金の回収が進まない要因となっており，競売により所有した住宅を活用し，新たな管理費等の財源を確保できるような仕組みづくりが求められる。

(4) 市場価値

　湯沢地域のリゾートマンションの市場価格は，建物が古くなっていることから全体的に下がっている傾向にある。駅から車で30分以上かかる地域に立地するものや，温泉等の併設施設のないものなど，他のマンションと比較して購入者にとって魅力が少ないものは特に市場価値が下がっている。しかし，温泉等の併設施設がない場合でも，管理状態が良く，管理費が安いといったメリットのある住戸であれば需要が見込め，管理費を見直して不動産価値が上昇した事例もあり，管理状態がマンションの市場流通に大きく影響している。

(5) 湯沢地域のリゾートマンションの課題

　湯沢地域のリゾートマンションは，価格の低下により新たな需要が生まれており，管理状態の良いマンションの住戸は市場流通が活発で価値も高くなっているといった状況が見られる一方で，管理組合があまり機能していないマンションでは，市場価値が低下しているといった二極化が見られた。また，一部のマンションでは，管理費等の滞納により組合財政が悪化している状況があった。

　そのような現状を踏まえ，湯沢地域のリゾートマンションのタイプを表1のように，市場流通の有無や管理状態の差，管理組合の意識から分類し，既に市場流通がなく，建物の外観や共用部のメンテナンスが極め

《第1部》事例に学ぶマンションの終活

表1 管理状態に対する湯沢地域リゾートマンションの分類

	市場流通	管理状態	管理組合意識	型	特　徴
多 市場流通 少	有	良好	高	管理状態良好・管理組合意識良好型	未納金の回収に熱心であり，コスト削減によって管理費を下げるなど，マンションの管理・運営状態がよい
		悪いor問題あり	高	管理状態悪化・管理組合意識良好型	管理組合の意識は高いものの管理費等の長期滞納者増加による組合財政の悪化が起きているなどの問題あり
			低	管理組合意識低下型	内観の管理状態や居住者への対応に悪さがみられる「管理費が実情に即していない」ことが特徴
	無	悪い	低	管理不全型	建物外観や共用部メンテナンス状態が極めて悪い

（出所）　参考文献［1］

て悪いものを管理不全マンションとした。

　管理不全型に分類されたものはもとより，管理組合の機能が健全なマンションにおいても，管理費等の長期滞納者の増加などの問題が見られる事例では，今後，積立金の不足により，マンションの併設施設のメンテナンスや建物の修繕等の通常の管理が十分に行えなくなることで，管理不全化が進むことも懸念される。

3. マンションの管理不全化の経緯と終末期問題

⑴　管理不全化の経緯

　表1で管理不全型に分類されたマンションについて，登記簿から1戸ずつの所有者の移転情報を入手し，マンション全体の所有権の変遷を調査したところ，ある事例では，法人所有の住戸がほぼ半数を占め，個人所有の住戸で30年間所有者が移動していない住戸が全体の4分の1程度と所有者の高齢化も進んでいることがわかった。加えて，直近の10

60

年間で売買による所有者の移動がなく，市場流通がなくなった状況であること，長期間に渡って差し押さえられた住戸が存在することから，管理費等の滞納住戸が放置された状況であることが読み取れた。また，この事例の特徴としては，立地条件が悪く，温泉等の併設施設がないことがあげられる。

このような条件から，もともと法人所有率が高く管理機能が低かったこと，立地条件等から比較的早くから市場競争力の低下が起き管理に対する意識の低下を招いたこと，市場競争力が低く所有者が更新されずに高齢化し管理機能の低下を招いたこと等の理由で，マンションの管理機能が低下したと推測される。加えて，管理機能が低下したことで，管理費等の滞納への対応が行われず，管理費や積立金の不足が生じ，建物のメンテナンス状態の悪化を招き，それによってさらに市場競争力が低下し，管理不全となったと考えられる。

その他の事例においても，所有者の固定化や競売，または差押え住戸の発生が確認されており，そのようなマンションでは，管理費等の滞納等の問題が発生しても管理組合が問題解決能力を持っていないため，管理費や積立金が不足し，管理不全化が進んでいると考えられる。

(2)　管理不全化の要因

管理不全マンションの登記簿の分析により，それぞれの事例に，差押えや競売などの問題の発生や，それに伴う管理費等の滞納が主な要因となって管理不全が起きていることがわかった。加えて，市場流通がなく所有者の固定化された状況も見られた。

管理組合が日常的なマンションの管理や滞納金の回収などの機能を果たしていない場合には，管理費等の積立金が不足し，建物のメンテナンスが悪化する。そのような管理状態の低下はマンションの市場流通の妨

《第1部》事例に学ぶマンションの終活

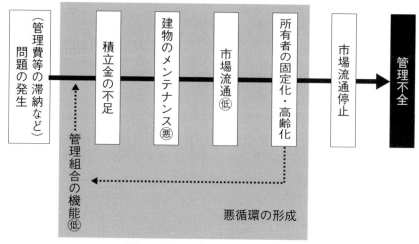

図2　管理不全の悪循環の形成

（出所）　参考文献［2］

げとなり，管理不全化の危険性がある。

(3)　リゾートマンションの終末期問題

　前述した湯沢地域の管理不全マンションにおいて，マンションの建替え等の円滑化に関する法律のマンション敷地売却制度が適用されたと仮定した場合のマンションの解消の可能性を考える。

　そもそも，各事例では管理組合が正常に機能していないと考えられ，多数決決議による区分所有者の合意形成が困難である。しかしながら，市場での個別売却がほぼ不可能なため，住戸を手放すためには解消という手段が必要となる。リゾートマンションのように定住していない高齢の区分所有者が多く，住戸を手放したいと考える人が多数いる場合には，管理組合等が住戸の買取りを行うことで合意形成が得られる可能性があると考える。

しかし，そのような手段により区分所有者の5分の4以上の合意形成が得られたと仮定した場合においても，解消による所有者の負担額が大きい場合は，他住戸を買い取るインセンティブが存在しないため，所有者が主体となった解消は困難である。

湯沢地域のリゾートマンションのように地価の低い土地に立地する場合，建物の解体費用が土地価格を下回るマイナス資産になりやすく，解消するために区分所有者の資金負担が必要となるため，自力での解消は極めて難しいと考える。

リゾートマンションの終末期において，区分所有者の意思決定に任せ，対策が行われないままでは，最終的に住戸は放置され，スラム化する危険性がある。そうして放置された，地域にとって危険で迷惑なマンションについては，最終的には行政の代執行による解体が対処法となり，それを可能にする法整備が求められる。

〈参考文献〉

[1] 渡邉裕他（2014）「管理不全マンションにおける解消の可能性に関する研究その1：新潟県湯沢地域のリゾートマンションの傾向と実態把握」『学術講演梗概集』pp.319-320，一般社団法人日本建築学会

[2] 黒田美穂他（2014）「管理不全マンションにおける解消の可能性に関する研究その2：所有変遷からみた管理不全マンションの解消の可能性」『学術講演梗概集』pp.321-322，一般社団法人日本建築学会

（注1）　築後30，40，50年超の分譲マンション数（2018年末時点）（国土交通省資料）

（注2）　日本ハウズイング株式会社へのヒアリングより引用（2014年7月）

（注3）　渡邉裕他（2014）「管理不全マンションにおける解消の可能性に関する研究

《第1部》事例に学ぶマンションの終活

その1：新潟県湯沢地域のリゾートマンションの傾向と実態把握」『学術講演梗概集』pp.319-320，一般社団法人日本建築学会

（注4）　株式会社ひまわり不動産リゾートマンション売却物件情報（http://www.himawari.com/search/search_mansion.html），東急リゾート株式会社湯沢エリアマンション情報（http://www.tokyu-resort.co.jp/yuzawa/），株式会社ゆざわ商事売買物件情報（http://www.yuzawacorp.jp/buy_sell/）（2014年11月時点）

被災マンションの
解消からみた終活の課題

明海大学 不動産学部 不動産学科 准教授
小 杉 学

1. はじめに

　本章では，東日本大震災で被災し，建物取壊しと敷地売却等により「マンションの解消」を実現した4事例を参考にしながら，「マンションの終活」について検討する。

　まず，「マンションの終活」とは何か，「マンションの解消」とは何かをそれぞれ確認する。

　続いて，被災マンションの解消事業に大きな影響を及ぼしている被災マンション法および公費解体制度について確認する。

　その上で，東日本大震災で被災し，「マンションの解消」を実現した仙台市内の4事例の解消に至るプロセスと，そこで発生した問題点を報告する。

　これらを踏まえて，今後の一般マンション解消の課題について検討を行う。

《第1部》事例に学ぶマンションの終活

2. マンションの解消と終活

　終活とは，「人生の終わりのための活動」の略とされる。人間が自ら
の死を意識して，人生の最後を迎えるに当たってとる様々な準備や，そ
こに向けた人生の総括を意味する言葉である。その背景には，日本社会
における急速な少子高齢化がある。かつてのように，一組の夫婦が多く
の子をもうけた時代には，分担して親の老後の世話や故人の後始末を行
うことができた。しかし，現代のように子どもが1人または子どもがい
ない夫婦や，未婚者が珍しくない時代には，子どもの世代へ大きな負担
はかけられない。そのため高齢者の間では，周囲に迷惑をかけずに人生
を終わるための準備である「終活」の必要性が増した(注1)。要するに，
人間の「終活」とは，「周囲に迷惑をかけないため」の準備行為のこと
である。

　では，「マンションの終わり」とは何であろうか。本章で扱うマンシ
ョンとは区分所有マンションのことである。すなわち，区分所有マンシ
ョンが「区分所有マンションではない状態」になることがマンションの
終わりとなる。最も想像しやすいのは，区分所有建物が滅失した状態で
あろう。建物の使用限界は必ず訪れる。「老朽化が進んだ建物が取り壊
されたときがマンションの終わりである」と考える人は多い。法的にも，
区分所有建物が滅失すれば，区分所有関係も解消する。しかし実際には，
建物が滅失しても建物が立っていた「敷地」の共有関係（借地権マンシ
ョンの場合は借地権の準共有関係）はそのまま残ることになる。区分所有
者からみれば，建物が滅失した後の敷地を売却するか，共有者の1人に
集約するなどして，敷地の共有関係まで解消することができて，はじめ
て「マンションの終わり」となるのである。

66

「マンションの終わり」には，建物が滅失しないパターンもある。建物が滅失しなくとも，建物の区分所有関係と敷地の共有関係を共に「解消」することで，マンションは終わる。具体的には，建物と土地の一括売却により，建物と土地が第三者の単独所有になる状態である。それ以外に，1人の区分所有者が全ての区分所有権を買収することで，建物と土地が単独所有になる状態も考えられる。

このように，マンションの終わりとは，「区分所有関係および敷地共有関係の解消」（以下，単に「解消」という）のことである。そして，マンションは人間とは異なり，「いつかは必ず終わりを迎える」ということは決して起こらない。建物の解体や敷地の売却，区分所有権の集約といった「意思決定」を区分所有者間で行わなければ「解消」に至ることはできない。さらに，その意思決定は，自分ひとりの意思決定では済まない。現時点（2019年1月）においては，民法251条の「共有物の変更」に基づく区分所有者全員の合意，または，耐震性不足のマンション（たとえば，建物耐震診断のIs値が0.6未満など）の場合は，建替え円滑化法（マンションの建替え等の円滑化に関する法律）108条の「マンション敷地売却決議」に基づく5分の4以上の合意が必要である(注2)。したがって，一部の区分所有者にとって，マンションを終わらせる必要性が生じたとしても，法が定める一定割合の合意に基づく管理組合としての意思決定ができなければ，マンションは終わらせることができない。マンションは，そう簡単に終わることはできない。「終わりたくても終われない」マンションの終活が必要となる理由はここにある。

「マンションの終活」は，人間の終活とは異なり，「周囲に迷惑をかけないため」の準備行為ではない。「終わりたいときに終われるようにするため」の準備行為であると筆者は考えている。特に，法が求める解消に必要な合意要件を満たすための合意形成準備が相当な重要ポイントに

《第1部》事例に学ぶマンションの終活

なるだろう。では，どのような合意形成準備が必要なのだろうか。残念ながら，現時点において，解消を実現したマンションは極めて少なく，また，その合意形成プロセスの報告も筆者が知る限り存在しない(注3)〜(注6)。

　そこで以下では，筆者らが研究を行った，東日本大震災で被災したマンションの解消事例(注7)(注8)を参考にしながら，解消のための合意形成準備としての「終活」のあり方と課題について検討を行う。

　なお，本章では，「建替え」（現マンションの全面的な建替え）は「解消」に含まないものとして扱う。現状のマンション建替えは，民法に基づく全員同意か，区分所有法（建物の区分所有等に関する法律）62条の「建替え決議」に基づく5分の4以上の合意，または，同法70条の「一括建替え決議」に基づく団地全体の5分の4以上の合意が求められる。すなわち，5分の4以上ないし全員が参加する「建替え」では，現在の区分所有関係が建替え前後で相当程度の連続性を保持するため，「解消」とはいえないからである。

3. 被災マンション法

　旧被災マンション法（被災区分所有建物の再建等に関する特別措置法）は，「制令で定める大規模な災害」により区分所有建物の全部が滅失（いわゆる全部滅失）した場合に，議決権の5分の4以上の多数決により，区分所有建物を再建することを可能とする特別措置等を定めたものである。

　注意を要するのは，被災マンション法が規定する決議ができるのは，「被災マンション法を適用する災害として政令指定された災害で被災したマンション」に限られるという点である。旧被災マンション法は1995年1月17日に発生した阪神・淡路大震災の直後の1995年3月24

日公布・施行され，同日に政令81号で阪神・淡路大震災が政令指定された。東日本大震災においては，全部滅失に至るほどの区分所有建物があるとの情報がなかったため，旧被災マンション法の適用は見送られた。

仙台市内で被災したマンションの中には，全部滅失には至らないものの，建物の傾斜などそのまま建物を放置することが，居住者のみならず周辺住民に対しても危険な状態にあるマンションが存在した。これらのマンションは，区分所有法に基づく復旧決議（61条）でも建替え決議（62条）でもなく，危険を回避するため，取り急ぎ建物を取り壊す方針を選択した。旧被災マンション法では，重大な被害を受けた区分所有建物の取壊しや，取壊し後の敷地売却は規定されておらず，これらの実施には民法の原則により権利者全員の同意が必要であった。そのため，仙台市内では，いくつかのマンションにおいて，区分所有者全員の同意により建物の取壊しが行われたが，これには「著しい労力を要する」として，その問題点が指摘された。同様に，建物取壊し後の敷地売却もまた，敷地共有者全員の同意が必要となるため「著しい労力を要する」ことは容易に予想された。これら被災地の状況を踏まえ，2011年3月11日の東日本大震災発生から約2年が経過した2013年6月26日，改正被災マンション法が公布・施行された。また，同年7月31日に政令231号で同震災が政令指定された。

改正被災マンション法では，旧法から規定されていた再建決議（4条）以外にも，敷地売却決議（5条），建物敷地売却決議（9条），建物取壊し敷地売却決議（10条），取壊し決議（11条）が新たに規定された。この他に被災した団地型マンションに関する規定も新たになされているが，本章では割愛する。このうち，再建決議，敷地売却決議は全部滅失したマンションを対象とし，政令指定の日から起算して3年以内に限って適用されることとなった。ここでの「全部滅失」には，取壊し決議（11条）

《第1部》事例に学ぶマンションの終活

や全員同意（民法251条）による取壊しも含むとされている（2条）。したがって，先述した全員同意により取壊しを行った仙台市内のマンションのうち，2つのマンションでは，改正被災マンション法による敷地売却決議（5条）が行われている。

一方，建物敷地売却決議（9条），建物取壊し敷地売却決議（10条），取壊し決議（11条）は大規模一部滅失したマンションを対象とし，こちらは政令指定の日から起算して1年以内に限って適用されることとなった。2016年4月14日に前震，16日に本震が発生した熊本地震では，同年10月5日に政令325号で同地震が被災マンション法適用の政令指定がなされ，現時点（2018年11月）までに熊本市内で被災したマンションのうち，少なくとも2つのマンションで被災マンション法に基づく取壊し決議が行われ，被災マンション法に基づく敷地売却決議に向けた合意形成が進められている(注9)。

なお，改正被災マンション法で新設された建物敷地売却決議（9条）は「建物と敷地の一括売却を行う決議」であり，建物取壊し敷地売却決議（10条）は「建物を取り壊した上で敷地を売却する決議」のことである。東日本大震災でも熊本地震でも，これらの決議はこれまでに行われていない。この背景には，後述する公費解体制度の存在がある。

4. 公費解体制度

公費解体制度は，廃棄物処理法（廃棄物の処理及び清掃に関する法律）に基づき被災した個人の建物の解体費用を市町村と国が負担する制度で，半壊以上が対象となる。①所有者の申請で市町村が解体業者に発注し，国と市町村が全額負担する方法（公費解体）と，②所有者が発注し

て解体後申請し，標準単価に基づく一定額補助を受ける方法（公費助成）がある。

　マンションが申請する場合は，建物取壊しについての区分所有者全員からの同意書が求められる。したがって，公費解体を申請するためには，建物取壊しについての全員同意を得るか，または，被災マンション法の「取壊し決議」の成立後，売渡請求権を行使して，非賛成者の区分所有権を全て賛成者に移転させる必要がある。実際に，東日本大震災では仙台市，熊本地震では熊本市によって，被災マンションの公費解体が行われている。ただし，公費解体の対象となるのは，敷地より上にある建物部分である。杭（くい）や基礎，地下部分は公費解体の対象とはならず，自費解体して売却するか，それらが残ったままの敷地を売却するかのいずれかを選択することとなる。

　公費解体制度には期限があり，基本的には震災発生から1年である。仙台市では当初申請期限を2012年3月30日までの約1年としていたが，途中で同年9月28日まで約半年延長している。さらに，申請期間終了後になって被災マンション法の改正およびそれに伴う政令指定があったため，マンションに限り政令指定の日から1年，2014年7月30日までを特例期間（2回目の申請期間）として設けたが，申請するマンションは皆無であった。熊本市でも，当初は震災発生から約1年，2017年3月31日までを申請期間としていたが，その後マンションに限り約半年延期して，2017年10月4日までとした。

　建物取壊しの合意形成を進める上で，区分所有者の費用負担が大幅に削減される公費解体制度の活用は必須である。逆に言えば，公費解体なしでは被災マンションの取壊しの合意形成はほとんど不可能であろう。

　たとえば，公費で解体した仙台市内の被災マンションのうち，最も大規模なSマンションでは解体費用は約3億5,000万円であったが，敷地

《第1部》事例に学ぶマンションの終活

売却価格は約1億5,000万円であった。もし公費解体制度がなかったと
すると，差額の2億円は全189戸（同一床面積）で負担することになり，
戸あたりでは約106万円の負担となる。

　したがって，敷地売却を目指す管理組合の戦略としては，震災発生か
ら約1年という非常に短い期限までに公費解体を申請するため，敷地売
却の検討や合意形成は後回しにして，まずは取壊し決議（または取壊し
の全員同意）を成立させるための合意形成を急ぎ進めることになる。

　このような背景があり，先述したように，仙台でも熊本でも，「建物
敷地売却決議」や「建物取壊し敷地売却決議」は行われなかった。そも
そも，仙台や熊本の実態を見る限り，被災マンション法が規定する「政
令指定から1年」という，被災直後の短期間に敷地の買主候補を選定し，
希望売却価格の下限を定め，合意形成を行うことは，条件に恵まれた一
部のマンション（たとえば，好立地である，規模が極めて小さいなど）を
除き，ほとんど不可能ではないかと思われる。

5. 被災マンションの解消実態

　東日本大震災で被災したマンションのうち，公費解体により建物を取
り壊したものは5事例ある。いずれも仙台市内である。建物取壊し後，
1事例は区分所有法に基づく建替えを行っているため，残り4事例が「解
消」となる。具体的には，1事例（Nマンション）は，区分所有者の1
人（法人）が全ての敷地持分権を買い取ることで区分所有権を一本化し
た「集約タイプ」である。別の1事例（Sマンション）は，法によらず
敷地の買主（区分所有者ではない民間企業）が全ての敷地持分権を個別に
買い取っている「個別売却タイプ」である。残り2事例（Hマンション，

72

Aマンション）は，被災マンション法の「敷地売却決議」に基づいて買主に売却した「決議売却タイプ」である。

(1) 集約タイプ

Nマンションは，震災当時築40年，総戸数20戸，地上5階建ての小規模マンションである。管理組合が存在せず，マンション敷地に隣接するN社が全20戸のうちの10戸を所有しており，実質的にはN社が建物を管理していた。仙台市による建物被害認定調査は「全壊」認定であったため，N社が戸別に折衝を進め，震災から4ヶ月で区分所有者全員から公費解体への同意が得られた（2011年7月）。N社は建物取壊しと同時に自社所有ではない10戸の敷地の権利を買い取ることを考えていたが，N社が最初に提示した買取り価格に応じたのは5戸に留まった。残る5戸に対しては，更地となった敷地の共有物分割請求の申請を裁判所に行った(注10)。分割協議は価格に対する折り合いがつかず難航し，N社からの提案で，裁判所の指定する不動産鑑定士の評価額での買取りを改めて提示。初回の価格より高額であったため，残りの5戸とも受け入れて全ての敷地がN社の所有となり（2013年9月），持分移転登記は全て完了した（同年10月）。分割協議は約2年かかったことになる。

(2) 個別売却タイプ

Sマンションは，震災当時築35年，総戸数189戸，地上14階建てのマンションである。被災して基礎杭が損壊し，マンション全体が傾斜した。被災当時の理事長の強力なリーダーシップのもと，建物取壊しと敷地売却に向けた合意形成が進められ，被災マンション法改正前に，震災からわずか3ヶ月後に建物取壊しの全員同意を得た（2011年5月）。当時の理事会は建物取壊しと敷地売却を同時に全員同意で決定する予定で

《第1部》事例に学ぶマンションの終活

いたが，敷地売却は全員同意が得られず見送りとなった。区分所有者の一部からなるグループが，理事長が提案する敷地売却方法に反対を唱えたのである。彼らは取壊しには同意したが敷地売却については反対し，建物「再建」を目指すと主張した。彼らが想定する「再建」は区分所有法62条の「建替え決議」や改正前の被災マンション法3条の「再建の決議」によるものではない(注11)。特定事業者に敷地を売却し，たとえば福祉マンションのように彼らが希望する建物を建設してもらい，個人的に床を買い戻していくことを想定していた。建物が解体されて管理組合が実質的にも消滅すると，理事長はその後の敷地売却の取組みからは身を引いてしまった。

「再建」を目指すグループは，建物が解体されると精力的に合意形成に取り組むも，一定数の同意で頭打ちとなってしまう。被災マンション法改正前の状況下では，敷地売却には全員同意が必要であったが，有効な方策もないため活動は停滞した。改正被災マンション法が施行され，東日本大震災が政令指定されると（2013年7月），5分の4以上の賛成で敷地売却が可能となり，活動は再始動する。グループ内での意見の相違等があり，メンバーが入れ替わる等紆余曲折を経るが，改正被災マンション法に基づいて敷地売却決議を行い（2014年4月），敷地共有者の5分の4以上の賛成（自称189分の152，約80.4%）を得て可決したと同グループは主張した。敷地の買主は，「敷地売却に同意する者には分配金を指定する期日までに支払う」，「抵当権の付いている敷地持分についてもそのまま購入する」と約束し，敷地売却決議に非賛成であった者に対しても，決議後に次々と敷地売却への同意を取り付けていった。

一方，いつまでたっても同意しない者に対しては，買主の代理人である弁護士が「売渡請求」を行っている。本来，仮にSマンションの敷地売却決議が有効であったとしても，被災マンション法の規定からすれば，

買主にはこの「売渡請求」を行う権利はない(注12)。しかし実際には，敷地売却決議の賛成者や決議後に同意した者には順次分配金（約70万円弱）が，また「売渡請求」に応じた者には売渡代金（約80万円）が支払われ，それらと引き替えに敷地共有者の所有権(敷地持分)移転登記手続きが次々と行われていった。2014年12月の時点で，189分の185，約97.9%の所有権移転登記が確認されている。

　最後まで「売渡請求」に応じなかった敷地共有者（旧区分所有者）の1人は，区分所有法の規定する手続きを踏まえないで実施された敷地売却決議は無効であると考えていた。この敷地共有者に対し，買主は持分移転登記手続請求訴訟を起こした（2015年1月）。しかしながら，逆に敷地売却決議が改正被災マンション法に基づいたものであるか否かが裁判では争点となってしまった。2015年9月，仙台地方裁判所は同決議を無効とし，したがって同決議を前提とした買主による持分移転登記手続請求に対しても棄却する判決を下した(注13)。被告（「売渡請求」に応じなかった敷地共有者）としては，敷地売却決議の無効を明らかにしたかっただけで，敷地売却そのものに反対ではなかったため，その後，売渡代金と引き替えに所有権移転登記手続きに応じている。このようにして，全ての敷地共有者の所有権（敷地持分）の移転登記手続きがなされ，2015年12月に敷地売却が完了した。

　Sマンションは，結果からみれば，被災マンション法の敷地売却決議に基づく敷地売却ではなく，敷地売却に同意する敷地共有者から，買主が直接共有持分を順次買い取る方法での敷地売却が行われたということになる。

(3)　決議売却タイプ（その1）

　Hマンションは，震災当時築38年，総戸数141戸，うち9戸は店舗，

《第1部》事例に学ぶマンションの終活

地上7階建てのマンションである。被災した建物は壁面の亀裂，崩落が多数あり，2棟のうち片方の建物は2cmほど沈下した。被災前に管理組合と関わりのあった不動産コンサルタントが中心となって，建物取壊しと敷地売却に向けた検討が始まる。公費解体申請後，そのコンサルタントおよび3名の区分所有者の計4名が社員となり，一般社団法人の「清算協会」が設立される（2012年2月）。清算協会が区分所有者から敷地売却を委任されるかたちで，合意形成をリードしていくことになる。震災から2年半以上を経て，改正被災マンション法の適用による敷地売却決議が可決（2013年12月）。その後，確実に売却先に所有権を移転するために，信託契約の方法を用いて，清算協会へ敷地共有者の共有持分を集約した。抵当権なしの所有者は清算協会と信託契約を，抵当権ありの所有者は清算協会と通常の売買契約をそれぞれ締結した。2014年12月に清算協会と買主との間で決済と引渡しが行われ，敷地売却が完了した。

⑷ **決議売却タイプ**（その2）

Aマンションは，震災当時築36年，総戸数64戸，うち10戸が店舗・事務所，地上11階・地下1階建てのマンションである。震災では各階の壁面に大きな亀裂が生じた。地盤は約30cm沈下した。建物は被害を受けたが居住することが可能であったため，建物取壊しへの合意形成は遅々として進まず，震災から1年が経過してようやく公費解体を全員同意で決議した（2012年3月）。建物取壊しには全員同意が求められたため，管理組合に高額な立退き料を要求する区分所有者が現れ，理事は要求額を支払ってしまった。このような理事会に対し，一部の区分所有者は強い不満と不信感を抱くことになり，その後の敷地売却の合意形成が遅々として進まない要因となってしまった。

一方，敷地売却を支援する専門家が敷地の権利関係を調べていると，

マンションの敷地が二筆に分かれていること，うち一つは敷地権（専有部分と一体化された敷地利用権）の登記がなく共有であること等，次々と複雑な権利関係の実態が明らかになっていった。さらに，土地に係る抵当権に関して，敷地権登記以前の抵当権が区分所有建物の登記に反映されず，土地謄本に従来の所有者名で残されたまま存在し続けて，既に抵当権者が存在しない，抵当権設定書類も残っていないといった問題が発生した。

　震災から3年半近くを経て，改正被災マンション法の適用による敷地売却決議が可決した（2014年8月）。マンションの規模が比較的小さい（戸数が少ない）ことから，当初は権利者それぞれが買主に所有権移転の手続きをしていく方針でいたが，買主は全員揃っての（全員同じタイミングでの）所有権移転を希望した。Aマンションの敷地売却を支援してきた専門家（マンション管理士）は，全員揃っての手続きは実質的に困難と判断し，Hマンションのように敷地共有者らで社団法人を設立して，そこに所有権を集約（信託登記）していくこととした。抵当権についてはすべて敷地共有者の側で抹消できたため，敷地共有者は社団法人と信託契約を締結した。2016年1月に社団法人と買主との間で決済と引渡しが行われ，敷地売却が完了した。

6. 解消の動機

　震災によって建物の一部が滅失し，復旧が困難である場合には，そのことが「解消」への動機となる。この動機は区分所有者間にも共有されやすく，多少の反対者がいたとしても，「解消」の全員同意，または被災マンション法に基づく特別多数決議に向けた合意形成の推進力となる。

77

《第1部》事例に学ぶマンションの終活

では，平時の一般マンションの場合には，何が「解消」への動機となるのであろうか。

一つは，建物の老朽化により，これ以上建物を維持することが困難な場合である。建替えという選択肢もあるが，少なくとも5分の4以上の区分所有者が建替えに参加することが前提となるため，多くの場合，5分の4以上の区分所有者が建替え費用を負担できるかという問題に直面する。費用負担なし，または少額となるような，高い還元率の等価交換方式による建替えが実現する立地は今後さらに限定的となるため，建物の老朽化に伴い，建替えではなく解消を選択せざるを得ないケースが増えていくと予想される。仙台の被災マンションが，公費解体の後に再建（建替え）ではなく敷地売却を選択したのも同様の理由であった。

もう一つは，管理組合が適切な管理を続けていくことが困難な場合である。具体的には，建物の維持費用の増大，空き住戸の増加，管理費等滞納者の増加などの問題を抱える高経年マンションである。これらの問題を放置すれば，次第に管理組合が機能しない管理不全マンションとなり，最終的には，建物の維持管理が放置され，外壁の剥落，ゴミ屋敷化，空き住戸が犯罪の温床になるなどの危険・有害マンションとなりかねない。このような場合には，区分所有関係の存続よりも，「解消」が積極的に選択されるものと考えられる。

7. 解消制度

平時の一般マンションにおいても，今後は，建物の老朽化や適切な維持管理の困難性を理由として，建替えではなく「解消」が求められることは多くなるだろう。しかしながら，現状における「解消」は，民法に

基づく全員同意，または耐震性不足のマンションに限定した建替え円滑化法の「マンション敷地売却決議」に基づく5分の4以上の合意で可能となっており，極めてハードルが高い。

特に，耐震性不足のマンションに限定されることの厳しさは，郊外部の高経年団地型マンションで顕著に現れる。大都市の郊外部には高度経済成長期に日本住宅公団や地方住宅供給公社によって分譲（公社の場合は積立分譲）された大規模な団地型マンションが多く，現在は，建物の老朽化と住民の高齢化という「二つの老い」に直面している。

具体的には，建物の維持費用の増大，空き住戸の増加，管理費等の滞納者の増加，そして何より深刻なのは，高齢化に伴う理事の担い手不足，管理組合の運営能力の低下である。多くは駅からバス便の立地であることから，市場価格は低下しており，また，人口減少社会においては，現在の団地規模（300〜1,000戸）の建替えの実現可能性は極めて低く，今後「解消」を選択する団地型マンションが増加することは必至である。それにもかかわらず，それらの多くは，鉄筋コンクリートまたはプレキャストコンクリートの「壁式構造」という耐震性の高い建物となっており，現行の「マンション敷地売却決議」の適用外となってしまっている。

この状況に対し，日本マンション学会では「解消制度特別研究委員会」を組織し，耐震性不足以外の一般マンションでも「解消」が可能な制度としての「解消制度」の提案研究を進めている。

解消制度とは，「特別多数決（5分の4以上の合意）により区分所有関係を解消すること」であり，解消決議の成立により，(ア)建物解体，(イ)敷地売却，(ウ)建物と敷地の一括売却（一括用途転用を含む）のうちのいずれかを行うものである。特に，(ウ)の「建物と敷地の一括売却」は，建物を解体しない区分所有関係の解消であり，従来の建替え円滑化法の「マンション敷地売却決議」にはなかった概念である。

《第1部》事例に学ぶマンションの終活

　2018年5月には解消制度の中間発表がなされ、未解決な部分も残しつつ、①建替え円滑化法の改正による解消決議、②団地型マンションの解消制度、③区分所有法の改正による解消制度、④管理不全マンション管理制度の4制度の提案がなされた。

　①は、建替え円滑化法の改正によって、「耐震性不足」のみを客観要件としている現行の「マンション敷地売却決議」に、「衛生の欠如」や「周辺地域への悪影響」なども客観要件として加えた解消決議の提案である。

　②も、建替え円滑化法の改正による団地型マンションを対象とした解消決議の提案であり、敷地分割や棟別解消（一部の棟のみの解消）について規定している。

　③は、区分所有法の改正により、「区分所有関係が登記されてから50年経過していること」を客観要件とした解消決議の提案である。①の建替え円滑化法が対象とするのは、あくまでもマンション（区分所有の集合住宅）であるが、③の区分所有法が対象とするのは、集合住宅に限らず、事務所ビルなども含めた区分所有建物全般であるという違いがある。

　④は、すでに管理不全に陥っているマンションの管理組合または区分所有者に対し、行政が助言、勧告、命令、代執行を行う制度である[注14]。

8. 一般マンションの解消の課題

　近い将来、もし「解消制度」が実際に制度化され、耐震性不足以外の一般マンションでも5分の4以上の特別多数決で解消が可能となったとしたら、はたして実際に高経年マンションの「解消」は進むのであろうか。答えは否である。理由は単純に、5分の4以上の合意を得ることが困難であると予想されるからである。では、どのような反対理由が存在

80

するのであろうか。先述した「解消制度」のうち，③の「区分所有法の改正による解消制度」が制度化された場合を想像してみたい。

まず，区分所有法の改正により，区分所有関係が登記されてから50年経過したマンションは，5分の4以上の合意により解消を決議できるようになったと仮定する。これを受けて，建物の維持費用の増大，空き住戸の増加，管理費等の滞納者の増加などの問題を抱える築80年の某マンションでは，これ以上適切な管理を続けていくことは困難であると判断し，解消決議によって敷地売却をしようと考えた。しかしながら，予想以上に反対者が多い。理事は困り果ててしまう。「これ以上管理組合を続けるのは苦しいから解消したいのに，なぜこんなに反対者が多いのだろう。」先述した仙台の敷地売却事例からは，以下の二つの理由を考えることができる。

⑴ **反対理由１──継続居住が奪われる・ライフプランが突然崩される**

仙台で被災したＡマンションでは，建物は被害を受けたが居住することは可能であったため，建物取壊しへの合意形成は遅々として進まなかった。管理組合として今後の維持管理を考えれば取壊しは必至であるが，区分所有者個人としてみれば居住が可能に思えるので（実際には今後も居住が可能とは限らないのだが）取壊しに反対するのである。

高経年マンションが維持管理の困難さを動機として解消（建物の取壊し，または建物と敷地の売却）しようとする場合にも，同様のことが生じると予想される。具体的には，「去年リフォームをしたからもったいない」，「仕事が忙しい今は勘弁してほしい」，「高齢だから引っ越すお金も体力もない」，「このマンションが好きだから死ぬまでここで暮らしたい」などの反対理由である。これらは，「継続居住が奪われることへの反対」または「ライフプランが突然崩されることへの反対」といえよう。

《第１部》事例に学ぶマンションの終活

(2) 反対理由２──建物の取壊し費用を負担できない

　仙台で被災し，建物を取り壊したマンションは全て公費解体であり，区分所有者の負担なしで行われた。もしこれが自費解体であれば，先述したように，敷地が売却できたとしても，敷地売却金額よりも解体費用が上回っていたので，各戸で解体費用の不足分を負担しなければならない事例があった。取り壊さなければ周囲に危険を及ぼすことがわかっていても，約200戸全戸が費用負担に合意できたであろうか。

　高経年マンションが，維持管理の困難さを動機として解消（取り壊して敷地売却）する場合には，公費解体などあり得ない。高地価の都心部であれば，老朽化した建物が残ったままでも（建物の解体費用を負担してでも）土地を購入したい買主が現れる場合もあるかもしれない。しかし，地価が下がっていく郊外部では，そうはいかない。そのような立地において，老朽化した建物の活用方法があればよいが，多くの買主は，更地の状態での購入を希望すると予想される。建物の取壊し費用が敷地売却価格よりも高ければ，敷地売却益から全ての取壊し費用を負担することができず，区分所有者間で取壊し費用を負担しなければならない。そのような場合に，取壊し費用を負担できない，または負担したくない区分所有者による反対が予想される。

9. 一般マンション解消のための終活

　建替え円滑化法，または区分所有法の改正により，耐震性不足以外の一般マンションでも特別多数決議により解消ができるようになったとしても，合意形成のハードルは依然として高い。これを乗り越えるために

は，合意形成の準備，すなわちマンションの終活が必要になる。

　ここでは，上記の二つの反対理由を踏まえて，一般マンション解消のための終活のあり方を提起したい。これはあくまでも，現在検討中（正確には検討の端緒についたばかり）の「試案」である[注15]。そのためまだ検討が不十分な点も多々あるがご容赦願いたい。

　合意形成の準備の要点は，マンションの維持管理に「仮終末」の概念を導入する点である。マンションが高経年期（たとえば築40年頃）に入ったら，解消決議を予定する時点としての「仮終末」の設定を検討し，築80年目等に仮終末を設定する（図1）。たとえば，築40年目に入り，管理組合として仮終末設定の検討を開始し，築45年目に「築80年目を仮終末と設定する」ことを管理組合として合意したとする。その場合，仮終末までの残り35年間は建替えや解消がないことが保障され，区分所有者は35年後に解消があることを念頭に置いてライフプランやリフォーム計画，不動産（所有する住戸）の運用計画を立てることができる。同様に，築45年時点での高齢者も，あと35年の継続居住が保障される。築45年時点で65歳の高齢者であっても，築80年目は100歳である。多くの高齢者はマンションで最期を迎えることができる。

　これだけの年月をかけて合意形成の準備をするのは，管理不全に陥る前に確実に解消するためである。仮終末として設定される時期は，あくまでも「マンション管理の限界」が想定される時期である。したがって，仮終末として設定される時期はマンションによって異なり，築100年目に設定する場合もあれば，十分に健全な維持管理が続けられているため，当面は仮終末を設定しないと判断するマンションもあり得る。また，仮終末はあくまでも「仮の終末」であるので，区分所有者間の合意により，解消決議の実施時期を早めたり遅らせたりすることはもちろん可能である。長期修繕計画が5年毎に見直されるように，管理組合内部に「終末

《第1部》事例に学ぶマンションの終活

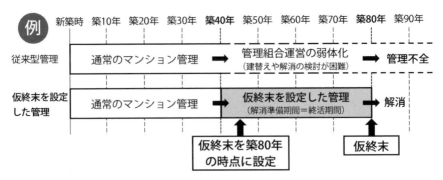

図1　仮終末を設定した管理

（出所）　筆者作成

準備委員会」等を設置し，仮終末の時期を，設定後は5年毎に見直していくことも必要であろう。

　さらに，先述したように，建物の取壊し費用が敷地売却価格よりも高くなることが予想される場合には，「終末準備基金」などの名称で，仮終末までの期間に建物の取壊し費用を積み立てておくこともまた，重要な合意形成準備の一つと考えられる。

　このように，仮終末の設定は，解消決議までの時間を十分に確保することで，解消決議の反対者を縮減させ，管理不全に陥る前に確実に解消するという目的がある。

　そして，仮終末の設定にはもう一つの重要な目的がある。それは，マンション管理の限界時期を見極め，少なくとも，限界時点（仮終末）までは適切な維持管理を確実に確保するという目的である。現行のマンション管理は，法制度上は終わりがなく永遠に続くものとして想定されている。したがって，維持管理が困難になったとしても，管理を辞める（区

分所有を解消する）方法は準備されていない。したがって，高経年期に入ると維持管理の目標設定が難しく，管理組合の運営は次第に弱体化し，最終的には管理不全に陥ってしまうのである（**図1**の上部の従来型管理）。解消制度の制度化を前提として，仮終末を設定することにより，「残りの期間は確実に適切な維持管理を実現する」という明確な目標設定が可能となるのである。

10. 仮終末の設定と解消を確実に実施するための技術

仮終末の設定により解消を確実に実施するためには，他にもいくつかの技術が必要とされる。以下，現在検討している中で重要なものを簡潔に紹介したい。

⑴ 具体的な仮終末の設定方法

具体的な仮終末の設定方法には規約改正の特別決議（区分所有法31条）が必要となるため，総会における4分の3以上の合意が必要になると考えている。

規約には，「築80年までは建替えも解消も行わない」，「築80年目に解消決議集会を開く」，「築80年目の解消決議集会に向けた準備検討作業を管理組合の業務とする」などを規定することで，仮終末の決定にある程度の実効性を持たせることができないかと考えている。

⑵ 仮終末設定時の賛成票を解消決議まで維持する方法

たとえば，築45年目に，築80年目を仮終末と定める規約改正が決議されたとする。しかし，その後の住戸の相続や転売により，築45年目

《第1部》事例に学ぶマンションの終活

に賛成した区分所有者と，築80年目に議決権行使する区分所有者は同一とは限らない。そうなると，築45年目の賛成票が，築80年目には反対票に変わってしまうこともあり得る。築45年目に賛成した区分所有者の意思は，どのように築80年まで継承するのか。

この問いに対しては，仙台で敷地売却を行ったHマンションとAマンションで所有権集約のために用いられた「信託契約」の方法を参考にして，信託契約による賛成票の継承を検討している。築45年目の仮終末設定に賛成した区分所有者の中から，一人の区分所有者，または数名の有志が組織する法人を区分所有権の集約先と定める。賛成した区分所有者（委託者）は，集約先の個人または法人（受託者）に区分所有権を信託する。受託者は，築80年目の解消決議に必ず賛成し，決議が可決すれば，受益者（委託者でもある区分所有者，またはその相続人）に敷地売却益の分配金を支払う。受託者は，築80年までは，受益者に管理費・修繕積立金相当の家賃で賃貸する。または，受益者以外の者に賃貸し，家賃収入から管理費・修繕積立金相当額を控除した額を受益者に納める。したがって，委託者は，区分所有権を信託したとしても，受益者として，その住宅に今まで通り，管理費・修繕積立金相当額を家賃として支払いながら住み続けることができるのである。

この方法は，以下2点の注意を要する。1点目は，信託するかしないかは区分所有者の判断に委ねられるという点である。仮終末の設定に合意した者に対して，誰も信託を強要することはできないのである。この点については，引き続き検討が必要であると考えている。2点目は，集約先となる個人または法人の負担が非常に大きいという点である。

11. おわりに

被災マンションが建物の取壊しと敷地売却を実現するに至るまでの過程には，一般マンションの解消に向けた合意形成準備としての「終活」のあり方に対する重要な示唆が含まれている。被災マンションの解消動機は建物の滅失であったが，今後の一般マンションの解消動機の多くは，等価交換方式による建替えが成立しない（還元率の低い）立地における建物の老朽化，または，適切な維持管理の困難性となるだろう。

本章では，被災マンションの解消事例から得られた知見をもとにして，一般マンションの解消合意形成の準備としての「終活」のあり方を提案した。マンション管理の限界時期を見極め，その時点を「仮終末」として設定し，解消決議の実施を予定するものである。そこでは，仮終末設定の賛成票を解消決議の賛成票へと継承するために，被災マンションの敷地売却で用いられた信託契約という方法を用いることも検討している。

このような，一般マンションの解消に向けた合意形成の準備としての「終活」のあり方の検討は，まだ始まったばかりである。本章では触れることができなかったが，被災マンションの解消において，適切なコーディネーターやアドバイザーといった専門家の関与は重要な鍵を握っていた。Ｓマンションの敷地売却決議が無効となった背景には，関与した専門家によるミスリードもあったといわれている。また，熊本地震で被災したマンションで，被災前に解決できていなかった管理組合内部の対立が，敷地売却に向けた合意形成の阻害要因になっている事例があるとの情報も得ている。このような情報も参考にしつつ，引き続き一般マンションの「終活」の方法論を構築していきたいと考えている。

《第 1 部》事例に学ぶマンションの終活

(注 1) Wikipedia「終活」より

(注 2) 建替え円滑化法 108 条（マンション敷地売却決議）「第 102 条第 1 項の認定を受けた場合において，要除却認定マンションに係る敷地利用権が数人で有する所有権又は借地権であるときは，区分所有者集会において，区分所有者，議決権及び当該敷地利用権の持分の価格の各 5 分の 4 以上の多数で，当該要除却認定マンション及びその敷地（当該敷地利用権が借地権であるときは，その借地権）を売却する旨の決議（以下「マンション敷地売却決議」という。）をすることができる。」

(注 3) 阪神・淡路大震災で被災した兵庫県のマンション 544 棟のうち半壊以上は 172 棟。そのうち，敷地売却は 6 棟。内訳は，神戸市 3 棟，尼崎市・芦屋市・宝塚市で各 1 棟。これらは民法による全員同意によるものである（国土交通省国土技術政策総合研究所『マンションの円滑な建替え手法の開発報告書』2002 年，p.115）。

(注 4) 大阪府吹田市の「千里山星 8 住宅」では，総戸数 15 戸，当時の区分所有者全 7 名の全員合意を行った（「激変するマンション建て替え」『日経アーキテクチュア』2016 年 10 月 13 日号，pp.40-41，旭化成マンション建替え研究所ホームページ「千里山星 8 住宅建替え事業」https://www.afr-web.co.jp/tatekae-lab/example/senriyama.html/）。

(注 5) 東京都および千代田区のホームページでは，建替え円滑化法による解消事例を 2 件（1 件は事業完了，1 件は事業中）表示している（2018 年 10 月時点）（東京都マンションポータルサイト「マンション建替え法に基づく建替え・敷地売却事業事例一覧」http://www.mansion-tokyo.jp/tatekae/35jirei-list.html#shikitibaikyaku，千代田区ホームページ「マンション建替え円滑化法によるマンション建替・敷地売却事業」https://www.city.chiyoda.lg.jp/koho/machizukuri/kenchiku/tatekae.html）。

(注 6) 東京都のホームページに表示されていないが，他にも，建替え円滑化法による解消事例（2016 年 10 月決議）が 1 件存在する可能性がある（リッチライフ社ホームページ「老朽化マンション建替え事例【2】マンション敷地売却決議」http://www.rich-life.jp/tatekae3.html）。

(注 7) 小杉学（2015 年 4 月）「大規模被害マンション 6 事例の現況と諸問題」『マ

ション学』51 号，pp.183-189，日本マンション学会

(注 8)　小杉学，萩原孝次，高橋悦子（2017 年 1 月）「東日本大震災におけるマンション敷地売却の実態からみた解消制度のあり方」『マンション学』56 号，pp.104-116，日本マンション学会

(注 9)　『マンション管理新聞』2018 年 1 月 25 日，2018 年 4 月 15 日

(注 10)　Ｎマンションの共有物分割請求は，東日本大震災が被災マンション法適用の指定災害として政令指定される以前に行われたものである。共有者はいつでも共有物の分割を請求できる（民法 256 条 1 項）が，被災時の場合は，建物を取り壊した後の敷地について，敷地共有者（旧区分所有者）から共有物分割請求がなされると，敷地売却決議ができなくなってしまう。そこで，被災マンション法 6 条「敷地共有持分等に係る土地等の分割請求に関する特例」では，政令指定の災害で大規模一部滅失し，取壊し決議や全員同意の取壊しで全部滅失状態となった場合は，政令指定の日から 3 年間は分割請求ができないと規定している。

(注 11)　改正前の被災マンション法の条文は http://roppou.aichi-u.ac.jp/joubun/h7-43.htm に記載されている。

(注 12)　売渡請求ができるのは，「敷地売却決議に賛成した者もしくは参加するもの又は買受指定者」であり，買主が買受指定者となるためには，先述したように，「敷地売却に参加する敷地共有者等の全員の合意により敷地の権利を買い受ける者として指定された者」であることが必要となる。Ｓマンションではそのような同意はなく，敷地売却決議集会の招集者はそれを証する書類を有していない。

(注 13)　仙台地方裁判所は，マンション敷地共有者の代表者が作成した招集通知に集会の目的が売却決議と明記されず，売却先や代金など議案の要領も記載がない点を問題視。「通知には軽微でない欠陥があり，決議の賛否に影響を与えた恐れがある」として決議を無効と判断した。買主は控訴したが，その後取り下げたため，地裁判決が確定した（『河北新報』2016 年 10 月 8 日）。

(注 14)　『マンション学』60 号，p.107，2018 年 5 月，日本マンション学会

(注 15)　筆者が代表を務める日本マンション学会高経年期管理研究委員会として 2018 年度より検討を進めている。メンバーは筆者の他に，藤木亮介（一級建築士），廣田信子（マンション管理士），内田耕司（弁護士），戸村達彦。

《第2部》

マンションの終活
の実務

マンション終活プロセスの必要性
―建物の終活のプロセスプランニング・暫定利用・用途転用―

横浜市立大学 国際教養学部 教授
齊 藤 広 子

1. はじめに――マンションは永遠ではない

　マンション（区分所有の住宅）は永遠ではない。もちろん，丁寧に修繕を行い，長寿命化することは可能である。また，大規模な改修を行い，再生をしながら使い続けることも可能である。

　マンションでは，多数の区分所有者が存在する。ゆえに，大規模な改修は，区分所有者全員による意思決定が必要となる。その意思決定には苦労が多く，その末の再生でも，いつかは建物としての終焉を迎えることになる。だが，その方法がマンションに備わっていない。

　こうして，マンションで終わりたくても終われない現実がある。たとえば，20戸のうち4戸しか利用されていないマンションがある。しかし，終われない。水が止まり，エレベーターが止まっても一部の人が居住している。マンションが終わるには，被災したマンションや耐震性の低いマンション以外では，区分所有者全員の合意が必要である（**表1**）。しかし，全員合意は難しい。現実には，管理不全マンションとなり，外部

《第2部》マンションの終活の実務

表1　マンションの再生手法とその合意形成に必要な区分所有者・議決権の比率

メニュー	老朽化の場合	被災復旧の場合	耐震性が低い場合
耐震補強	3/4以上の多数（区分所有法）	1/2を超える滅失があった場合，3/4以上の多数（区分所有法）	1/2以上の多数（建築物耐震改修促進法）
大規模改修	3/4以上の多数（区分所有法）または全員の合意（民法）		3/4以上の多数（区分所有法）または全員の合意（民法）
建替え	4/5以上の多数（区分所有法）	4/5以上の多数（被災マンション法）	4/5以上の多数（区分所有法）
解　消	全員の合意（民法）	4/5以上の多数（被災マンション法）	4/5以上の多数（マンション建替え円滑化法）

（注）（　）内は根拠法。

不経済をもたらすことになる。

2. 管理不全マンションが本当に存在するのか？

　築年数の経ったマンションが増加し，これらのマンションが良好に維持管理されないと，安全や景観面だけでなく，防災や防犯，衛生面等，地域の生活環境や市街地環境にも悪影響を及ぼし，外部不経済が生じることになる。管理不全マンションとは，「維持管理や修繕が適切に行われず，居住環境はもとより，周辺にも悪影響を与えているマンション」と定義しよう。マンション内だけの問題にとどまらず，外部不経済を及ぼす問題を引き起こすマンションが現に存在する。さらに，管理不全の

マンション終活プロセスの必要性
―建物の終活のプロセスプランニング・暫定利用・用途転用―

兆候があるマンションを,「将来的に管理不全に陥るおそれのあるマンション」(以下,準管理不全とする)と定義すると,かなりのマンションが含まれそうである。

　筆者が初めて出会った管理不全マンションとは,前述した,地方都市の20戸のうち4戸しか居住していないマンションであった。水が止まり,エレベーターも動かず,それでも人が住んでいた。区分所有者は売りたくても買い手が見つからず,住戸を売れず,所有権を手放せない。こんな状態でも所有者としての責任があるため,当然,管理費や修繕積立金を支払わなければならない。所有者は,売りたいのに,貸したいのに,住戸の引き取り手,利用する者が見つからず,マンションからの収入もない。ゆえに,マンション管理に消極的な態度となり,管理費や修繕積立金などは滞納しがちになる。ついでに,固定資産税も滞納しがちになる。所有者の多くは,管理に関心もないし,このままマンションが消滅することを望んでいるかもしれない。しかし,誰も何もしてくれない。みんなが逃げることを考えている。たとえば,マンションの敷地の権利を売却すれば,建物の解体費が捻出できそうなマンションなら,事業としてなんとか成立する。しかし,建物の解体費さえも捻出できない価値しかない土地のマンション,あるいは市場から脱落した土地を敷地とするマンションでは,地上げ屋も関与するモチベーションがない。そんなマンションが地方都市でみられる。

　次に出会った管理不全マンションは,高齢者用マンションである。退職後は温泉につかり,ゆっくりとすごしたい。そんなコンセプトでつくられたのだろうが,実際には一代目の所有者が退去した後,なかなか次の買い手が見つからない。高齢者用マンション需要がそれほど多くないなかで,新しいマンションができ,中古マンションの魅力は相対的に低くなるからである。高齢者用マンションには,レストラン,共同風呂,

《第2部》マンションの終活の実務

ロビー，シアタールーム・カラオケルーム，会議室・多目的室・集会室等の共用施設があり，安否の確認，生活相談，食事と風呂の提供，洗濯や掃除等の生活支援，介護（取次）サービス，医療（取次）サービス，レクリエーション・住民交流行事等の生活支援サービス等がある。結果，管理費等は月額戸当たり平均61,366.4円となり，一般的なマンションの管理費の月額戸当たり10,661円（平成25年度マンション総合調査結果：国土交通省）に比べ，高齢者用マンションの管理費等は高く，約6倍になる。高齢者が利用している間は，高い管理費でも支払うことに意義を感じるが，高齢者が死亡し，空き家になっても管理費等を支払わなければならない。相続した現役の子供世代が利用するには若すぎる。そこで，売却を考えるが，そもそもそれほど高くない高齢者用マンションの需要であるがゆえに，簡単には売却できない。そこで，管理費等が滞納されやすくなる。管理組合からすれば，空き家が増えても，提供しなければならないサービスのメニューは減らせない。ゆえに，収入減は，高齢者用マンションの運営上，大きな痛手となる。そこで，マンションの運営会社が空きの目立つマンションの所有権を買い取り，他のマンションへの転居を促し，空きが多かったマンションを完全空き家とし，建物への立入り禁止としていた。建物はまだ使える。しかし，運営をしていけない。ゆえに，計画的にマンションとしての終焉を決めた事例である。当然，建物は次第に管理不全状態となっていく。

　管理不全の衝撃的であった事例は，新潟県湯沢町にあったリゾートマンションの放置である。スキー需要が低下し，リゾートマンション需要も大きく低下した。そもそも，投資目的で買った人もいる。使わないし，このままマンションを持っていても値上がりが期待できないので売却したい。リゾートマンションでも，高齢者用マンションと同様に，豊かな共用施設や多様なサービスがあるために，月々の管理費は一般的なマン

ションよりも高い。だんだん利用者が減少し，ゆえにレストランや温泉を封鎖する。そうなると，リゾートマンションの魅力が低下し，さらに使われなくなる。よって，ますますマンションを手放したいと考える。だから，管理費等を支払いたくない。売却できたらその費用で滞納した管理費等を支払おうとするが，管理費の滞納額がだんだん多くなり，売却できても滞納した管理費等を支払えるかどうかすら疑問な状態になる。管理費が支払われない。ゆえに適正な管理ができない。そんなマンションを買う人はいないという負の循環である。建物が放置され，玄関エントランスには蜘蛛の巣が張っている。庭は荒れ，外からみると室内の障子が破れ，プロパンガスも外されている。でも，数名が利用している。固定資産税が滞納され，まちの経営にも大きな影響を与えている。

　これらの例は地方都市だし，リゾート地だし，そもそもまちの魅力の低下がマンション需要の低下となり，マンションの空き家，管理不全になっていると考えられる。だから，首都圏は安泰だろうと考えたが，実はそうではなかった。

　人口が増加していた横浜市でも管理不全マンションは存在していた。封鎖されているマンションや，このままいけば管理不全になりそうなマンションが一定数存在する。理由は様々である。

　1つめの事例は，駅前に立地する店舗併用型のマンションである。すでに7〜8年ほど建物が使われていない完全空き家のマンションである。建物の外壁には蔦が張り，3月の雪の降る寒い日にはマンションのエントランス部分に不審者が居座っていた。地上げをしていた会社の倒産で，抵当権や税金不払いによる債権者等の関係者が多くなり，権利関係が清算できない。誰も手を出さない状態で存在し続けている。

　2つめの事例は，はじめから管理体制がないマンションである。小規模で多くの住戸を元地主が所有している。ゆえに，場当たり的な管理が

《第2部》マンションの終活の実務

繰り返されてきており，一度も大規模修繕をしたことがない。そしていよいよ築30年になり，なんともならなくなっている事例である。賃貸で住む人もなく空き家になり，マンションの相続人の手に負えなくなっている。

3つめの事例は，入居当初は管理会社に委託をしないで，区分所有者で自主管理をしていたが，区分所有者の高齢化や不在化が進み，自主管理ができなくなっている。

こうしたマンションの特徴は，小規模なマンション，そして当初から管理システムが設定されていなかったマンションである。このままいけば間違いなく管理不全になり，明らかに外部不経済を及ぼすことになる。しかし，終われないのである。

3. 終わり方を計画する必要性
──きれいに終わるには期待値の一致と計画が必要

マンションがきれいに終わるには，終わり方をプロセスプランニングすることが必要である。なぜならば，マンションは他人どうしによる所有の集合体である。その間の合意がなければ，各自が好き勝手な期待値を持ち続ける。「マンションは永遠に使えるだろう。少なくとも私が生きている間は使えるはずだ」とある人は考える。その一方では，「マンションはもっと長生きできるかもしれないが，いま建て替えないと，この先私も年をとり，建て替える気力がなくなる。お金もなくなる。建て替えるならいまだ」という期待である。この期待値の不一致がマンション再生の合意形成を難しくしてきた。

私たちは，つくり方，永遠に使う方法を一生懸命考えてきたが，「終

わり」を共有する経験がほとんどない。区分所有のマンションで、きれいに終わるには、いつ終わるのか、どのように終わるのかの区分所有者同士の合意が必要である。もし、いつまで使えるかがわかっていたら、マンションの建替え・解消の合意形成の難しさから幾分解放されよう。

そこで、いつまで使えるかの期待値を一致させる、利用期限が決められた日本の定期借地権マンションの事例から、具体的な終焉のためのプロセスプランニングに必要なことを考えよう。

(1)　終焉の責任者は誰か？

定期借地権マンションは、地主との借地契約に更新のない契約となっており、契約した借地期間が来れば、建物を解体し、更地にし、土地を地主に返却することを前提としたマンションである。旧法に基づく借地権（以下、旧借地権）や普通借地権では、借地契約期間が満了すれば、借地契約を更新することが可能である。むしろ、地主が更新を拒否するには正当事由が必要となり、実質的には地主に土地の利用の権利が戻って来にくい。そのため、定期借地権制度が1991年の借地借家法で創設され、1992年から施行、1993年より定期借地権マンションの供給が始まっている。

既に約500もの定期借地権マンションがわが国で供給されている。借地期間は短いもので50年、長いもので81年である。供給時には借地契約期間が決まっていることから、各所有者の利用期間への期待は一致していると考えられる。

しかし、実態として終焉までのプロセスプランニングが用意されていない。具体的には、土地を更地にして返却するための体制がない。誰がいつからどのようにして、土地を更地にするのか。いつまで住めるのか。更地にするための費用はどうするのか。定期借地権マンションの95％

《第2部》マンションの終活の実務

で，更地返却を前提としているため，それまでの手続きの仕方を決めておく必要がある。借地契約期間が満了近くになれば，管理会社が何とかしてくれるだろうと考えるかもしれないが，管理会社は借地契約の当事者ではないし，借地契約の多くは各区分所有者と地主との契約であるので，管理会社だけでなく，管理組合の関与も困難と考えられている(注1)。また，解体のための費用を準備しているマンションも全体の約4割と，多くはない。過半のマンションがなんら費用を用意していない状態である。

　マンション等の建物の利用の期限を決めるだけでなく，そのための準備がいる。「終了」に向かっての期待値を一致させるため，終焉に向けたプロセスプランニング，誰が，いつどのように終焉に向けて活動をするのか，そのための費用はどうするのかといったことを決め，実行するために，計画とルールを規約の中で位置づけることが必要である。つまり，マンションの終活である。

(2)　最後までの維持管理のあり方

　定期借地権マンションでは借地期間が50年等と契約で決められている。こうして利用期間が定められているが，所有権マンションと同様の長期修繕計画となっている。つまり，利用の期間を考慮した維持管理計画が立案されていない実態がある。たとえば，築40年目にエレベーターが故障した際に，どのように修繕を行うのか。旧建設省が作成したガイドブックでは利用期間に制限のある建物の維持管理の考え方も示しているが，そうした考え方を採用しているマンションは現実にはなく(注2)，定期借地権マンションでも土地所有権マンションと全く同様の修繕計画の考え方となっている。長期修繕計画に借地期間満了時の建物の解体を位置づけているものはない。こうして期間を決めた建物の維持管理計画

というものが現実には存在していないのである。利用残存期間がある一定未満になった場合の維持管理の対処方法など，利用期間が決まっている建物を効率的に維持管理する計画技術が整備されていない。逆に言えば，建物や設備の寿命を考慮した利用期間の設定が必要である。

4. 諸外国ではどうしているのか？

　上記のような日本の課題に，定期借地権マンションが多くある，アメリカ・ハワイ州やイギリスではどのようにしているのか。

　イギリスでは，日本の定期借地権マンションにあたるものは，リースホールドの共同住宅になる。土地と建物を地主が所有し，住戸所有者が長期の住戸の利用権を保有する形が原型である。一方，アメリカ・ハワイ州のリースホールドの共同住宅は，日本の定期借地権マンションと同様に，敷地利用権は借地の住戸所有者による準共有で，建物の共用部分は住戸所有者の共有，住戸（専有部分）は住戸所有者の所有という区分所有形態である。イギリスやアメリカ・ハワイ州では，借地期間満了時に，日本のように，建物を解体し，更地にして土地を地主に返却するという考え方は一般的にはない。

　イギリスではリースホールドは借地権ではあるが，地主に土地を返すことは前提にしていない。そのため，借地人が望めば借地期間を延長できる制度，さらに借地の底地を買い取り，敷地利用権を所有権にすることができる制度が用意されている。場合によっては，管理組合で土地を保有することも可能である。そこには，建物を取り壊すことは前提にされていない。

　アメリカ・ハワイ州でも借地期間が満了すると，地主に土地を返却す

《第2部》マンションの終活の実務

ることもあるが，イギリスと同様に借地人による底地の買取り制度，管理組合で敷地を保有する制度が用意されている。そこにも，建物を取り壊すことは前提とされず，土地を返却する場合は建物を付けて返却することになる。

　建物が終わることを前提とした計画は，世界的に見てあまりない。それは土地と建物を一体と考える欧米ではあたりまえかもしれない。日本では土地と建物が別々の不動産であると考えるがゆえに，建物を終焉させ，新たな土地利用の促進が行われる。時代に合った効率的で合理的な不動産利用として，建物の終焉が必要となる。こうした仕組みづくりに，わが国が先駆的に取り組み，新たな不動産体制を確立することが必要である。

5. 最後まで快適に利用し，きれいに終焉を迎えるために
──マンションの晩年の過ごし方

　建物を永遠に使うことが前提となった国では，時代の変化の中で変わる需要にどのように建物を対応させるのか。そこでは，用途が転換される。そして，所有の仕方も転換される。建物が終わらないために所有，利用の転換が行われている。

　日本でもマンションの所有や用途を転換し，建物を使うことを考えることは，建物を長持ちできる技術をもつわが国ゆえに必要なことである。さらには，利用期間が決まっている建物の，晩年にも必要である。あと10年の利用となった建物が最後の安楽死に向かってきれいに過ごすには，暫定的利用の考え方や，所有権の一元化等が有効になると考える。その仕組みを考えよう。

マンション終活プロセスの必要性
―建物の終活のプロセスプランニング・暫定利用・用途転用―

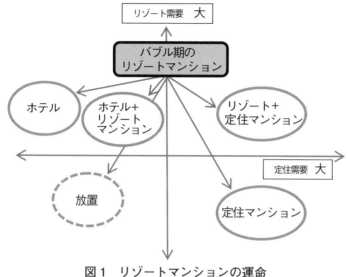

図1　リゾートマンションの運命

(1) **暫定的利用のあり方――用途の転用**

　需要が低下した，あるいは需要が変化した建物の暫定利用制度の確立が必要である。新潟県湯沢町で使われていないリゾートマンションがあったため，実際にこんなマンションはほかにもあるだろうと，築15年以上のリゾートマンションリストを作成してみた。1,052件のリゾートマンションらしきものを把握した(注3)。そのなかで，静岡県に続き，リゾートマンションが多い千葉県を調べたところ，使われていないマンションは見つからなかった。バブル経済時に供給された分譲価格と売却（希望）価格（2014年）を比較してみると，分譲時の㎡単価は平均51.5万円に対し，平均7.9万円となり，価格は約8分の1となり，なかには約30分の1になっているマンションもあった。そして，バブル期につくられたリゾートマンションの運命は，そのままリゾートマンションとして生

103

《第2部》マンションの終活の実務

表2　マンション住戸の用途転用の分類

利用例	施設利用の共同性		サービスの利用の共同性	外部不経済の拡大性
	居住者（関係者）のみ利用	居住者の利用可能性		
A. 集会室	○	○	－	△～○
B. ゲストルーム	△	△	○	△
C. デイ・サービス拠点	△	△	○	△～○
D. ホテル・民泊	×	×	△	○
E. シェアハウス	×	×	×	△

（○：高い　　△：条件によってはある　　×：なし・あるいは低い）

きているものもあるが，ホテルとして生きている場合，定住用マンションとして生きている場合など，用途を転換しながら生きている実態がある（図1）。

❶住戸単位での用途転用の課題

リゾートマンションで定住用の住戸が混在する場合，利用者間で利用の仕方や管理に関する考え方の違いがあり，管理問題になっている[注4]。一方，一般マンションでも，住戸単位で用途が転用される場合に，様々な課題が起こっている。そこで，住戸単位での用途転用の仕方を考えていこう。

転用する住戸の利用の仕方が，「マンション居住者のみの利用か」，「居住者であればだれでも利用できるのか」という利用の共同性，あるいは空き住戸を利用した「施設が提供するサービスを居住者誰もが利用できるか」というサービスの共同性，さらに，その施設の利用による外部不経済の範囲と程度として外部不経済の拡大性という視点から，利活用の用途を分類すると表2のようになる。

マンション終活プロセスの必要性
―建物の終活のプロセスプランニング・暫定利用・用途転用―

《全員にメリットがあり，外部不経済が比較的少ないタイプの利用》

マンション居住者全員にメリットがあり，外部不経済が比較的少ない
タイプとして集会室の利用がある。住戸を集会室として利用する場合に
は，近隣住戸の生活に配慮した場所の選定，利用の時間帯等のルールが
必要である。管理組合が住戸を買い取る場合は，管理組合法人とし，法
人格を持ち，住戸を購入，登記をする。そのために4分の3以上の賛成
をとり，規約の改正と住戸購入の決議が必要となる。借りる場合も考え
られる。しかし，マンションの1室を集会室に使うことは想定されてい
ないため，その手続きに関する考え方には幅が見られる[注5]。総会の決
議は過半数決議か，特別多数決か，全員合意か。購入費や賃貸料を管理
費や修繕積立金から出せるか。近隣住戸の承諾は必要か。その手続きに
関する見解に幅があり，そのため，手続きだけで混乱が起こる可能性が
ある（これについては189～204ページで検討されている）。集会室等の居
住者にメリットがある利用を促進するために，近隣住戸の理解を得る方
法，そして管理組合の費用を捻出しやすくする方法の確立が必要である。

《全員にメリットがなく，外部不経済があるタイプの利用》

デイ・サービスの拠点など，集会室以外の利用については利用の仕方
のきめ細かなルールが必要となる。具体的には，どのような利用をどの
ように認めるのかのルール（用途転用ゾーンの設定を含めた規約や使用細
則），用途転用した利用を認める手続き（管理組合の決議，承認，近隣住
戸の承諾，承諾の有効期間等），そして問題があった際の対処方法（立入
り検査，活動停止の勧告，強制停止，仲裁制度等）である。

管理組合が行う場合でも，組合で住戸を所有する場合と組合が借りる
場合があり，また個人が行う場合と管理組合が関与する場合がある。き
め細かなルールの整備が必要であるが，たとえば郊外のマンションでシ
ェアオフィス等ができれば新たな暮らし方を応援できるのではないかと

105

《第2部》マンションの終活の実務

考える。

❷建物全体の用途転用の課題

　空き家を住戸単位で用途転用し利用することには限界があり，かつ外部不経済も生じやすい。今後，建物の長寿命化のなかで社会の変化に対応するため，建物全体の一括用途転用の需要は高まると考えられる。その場合に，大きく二つの方法がある。

　一つは，たとえばリゾートマンションで空き住戸を随時ホテルとして利用するなどの，段階的用途転用である。各住戸の所有権は個別であるが，管理組合あるいは管理会社・運営会社により一体型に管理・運営をする（タイプⅠ）。もう一つは，マンション全体をホテルとして利用する。そのために所有権を集約し，一括して用途転用する（タイプⅡ）。

　タイプⅠでは，ホテル利用とリゾートマンションという住宅利用が混在するため，異なる利用方法によるトラブルを予防するために，住戸単位の転用と同様のルールがいる。さらに，そこへの管理組合の関与や金銭的支援についての議決の仕方については，現行法のもとで考え方に幅がみられる。タイプⅡでは，個別交渉により住戸を順次買い上げる方法では事業者にリスクがある。一方，一括売却を多数決による議決で可能とすれば，悪質な地上げ・買い占めが促進されるのではないかという危惧が生まれる。悪質な行為が促進されないように，管理組合の主体的な運営のもと，売却決議時の適正買取価格の提示や，違法な売却手続きがすすめられた場合のクーリングオフ制度の整備等が課題となる。

　こうした暫定利用制度をつくり，使える建物は有効に使っていく。ただし，この使い方にも期限を決めることが必要である。

(2)　所有形態の変更，経営主体の一元化

　建物全体の一括用途転用は，区分所有関係の解消ができれば進めやす

い。しかし，わが国で区分所有関係を解消し，建物を使い続ける方法の制度が構築されていない。そこで全員の合意が必要となる。建物を残しながら，区分所有関係が解消できる道もこれからは必要となる。

　たとえば，イギリスではリースホールドの建物で地主が建物を保有しているものを，住戸ごとに買い取ることも，管理組合で全体を買い取ることも可能である。その合意形成は，1993年法（Leasehold Reform, Housing and Urban Development Act, リースホールド改革・住宅都市開発法，1993）では2/3以上であったが，2002年法（Commonhold and Leasehold Reform Act, コモンホールド・リースホールド改革法，2002）では過半数決議となっている。また，所有形態に変化はないが，居住者が望めば管理権を得ることも可能となっている。このように，所有－利用－管理の関係が柔軟となっており，かつ所有形態の変更も可能である。

　区分所有マンションの晩年をどう生きるのか，建物の状態を見ながら経営するには，所有権が一本化されている方がやりやすい。マンションでは，じわじわと所有権を一本化する方法が必要である。区分所有権を管理組合が購入する，あるいは管理会社や別会社が購入し，所有権を一本化する手法の検討も必要である。この場合には，居住者はリバースモーゲージを利用し，居住をつづけ，死亡後，所有権を売却して代金を支払う方法も理論的には可能である^{（文献 [6]）}。

　さらに，経営主体の一本化がある。アメリカ・ハワイ州の区分所有マンションをタイムシェアする場合には，1区分所有の専有部分が52に分割されることになり，所有権が細分化されている。結果，膨大な数の所有者となり，実質的に管理運営を区分所有者，タイムシェア所有者が行うことが困難である。そこで，経営代理人（Plan Manager）による管理運営が行われ，経営に関する徹底した情報開示が進められている。

《第2部》マンションの終活の実務

6. さいごに

　終われないマンションを終わらせるには，最後の期待値を一致させることが必要である。その一つが，「利用の期限を決めた建物」である。その場合には，はじめから，終了に向けてのプロセスプランニングが必要である。マンションでは長期維持管理・解散計画，それに基づいた費用の積み立て，そして最後の姿（目標像）を決めておくことである。

　現在のマンションが抱えている問題として，区分所有法が想定している管理組合の機能や権限を越えているとして，「管理組合がそんなことしてよいのか？」といった議論にならないように，終了に向かっての活動を建物所有者，つまり管理組合の役割と明確に位置づけることである。立法的措置が必要である。

　マンションが完成した段階から，終了に向けてのプロセスプランニング，つまり終活が必要である。また，マンションの所有権の一本化，あるいは経営主体の一本化，信託による経営の一本化等の検討も必要である（この点については《座談会》を参考にしていただきたい）。

　マンションの所有，利用，さらに管理・経営の主体，そして用途を，時間の中で，変化させながら使う，関係者の期待値を一致させる新たな社会システムが必要となっている。

〈参考文献〉

[1] 齊藤広子（2014）「高齢者用マンションの管理上の課題」『都市住宅学』87号，pp.122-126

[2] 齊藤広子・中城康彦（2016）「定期借地権マンションのストックの状態と管理上の課題と対応」『都市計画論文集』Vol.51 No.3, pp.820-826

[3] 齊藤広子（2017.4）「定期借地権マンションのストックの概要とこれからの課題 —日本，アメリカ合衆国ハワイ州，イギリスの制度比較を通じて—」『マンション学』57号（名古屋大会特集号），pp.157-168

[4] 建設省住宅局（1997）『定借マンションガイドブック』ぎょうせい

[5] 齊藤広子他（2016.9）「アメリカ・ハワイ州の定期借地権マンションストックの法制度と実態」『日本建築学会計画系論文集』No.727, pp.2003-2010

[6] 齊藤広子（2009.11）「英国のリースホールド型集合住宅の管理方法と管理上の課題」『日本建築学会計画系論文集』No.637, pp.653-658

[7] 齊藤広子（2014）「マンションにおける空き家予防と活用，計画的解消のために」『Evaluation』52号, pp.28-37

（注1）　管理組合は借地契約関係にないため，関与すべきではないという考え方と，関与が可能であるという考え方がある。

（注2）　文献［2］に示す調査結果による。

（注3）　「らしき」と表現したのは，現地で確認した結果，高齢者用施設を1つ確認したため，すべてがリゾートマンションとは言い切れないからである。

（注4）　ハレ（非日常）を求めるリゾートの利用者と，ケ（日常）を求める定住者では管理意向が異なる。具体的には，駐車場整備の必要性，温泉や大浴場，食堂等の共用施設の運営の仕方，高齢者向けのスロープの設置やバリアフリー化等，建物・施設の維持管理，運営管理への意見の相違があり，合意形成をとりにくい。定住者にも種類があり，立地などによりその中身（量や内容）が異なっている。

（注5）　管理組合が住戸を買い取ることは本来の管理組合業務を超えているという考え方もあるが，住戸の買い取りの目的が集会室の場合は全員合意でなく特別多数決で可能とする法学者，弁護士等の意見が多い。

終活に至る実務からみた課題

旭化成不動産レジデンス株式会社
マンション建替え研究所 主任研究員
エキスパート（不動産コンサルティング領域）
大 木 祐 悟

1. はじめに

マンションの専有部分の所有を目的とする権利は区分所有権といわれている（建物の区分所有等に関する法律（以下，「区分所有法」という）第2条第1項）。

この「区分所有権」は文字通り「所有権」であることから，独立して売買の対象ともなっているし，抵当権を設定することも可能である。そのため，一戸建て住宅と同じ感覚でマンションの専有部分を所有している区分所有者も少なくないだろう。加えて，特に最近のマンションは，床も隣接住戸間の界壁も昔のマンションと比べると厚くなっていることから遮音性能も独立性もより向上しているので，区分所有者のマンションにかかる「一戸建て住宅感覚」はさらに強くなっているようにも思われる。

しかしながら，仮に区分所有者がこのような感覚を強く持っているとしても，そもそもマンションとは専有部分と共用部分で構成される不動

《第2部》マンションの終活の実務

産(注1)である。

　そのため，建物の共用部分の維持管理にかかる定期的なメンテナンスはもとより，結果として既存の共用部分を滅失させることとなる「終活」（本章では，マンションの建替えおよびマンション敷地売却を総称して「終活」という）を考える場面では，区分所有者間の合意形成が実務上大きな課題となる。

　ところで，マンションの終活を考えるうえで合意形成とともに重要な課題として，資金調達の問題を挙げることができる。建替えを進めるときも，マンション敷地売却を検討する場合にも一定の費用が必要とされるが，仮に区分所有者の合意が得られたとしても，その費用をまかなうことができなければ終活の検討を前に進めることができなくなるのである。

　そこで，本章では，「合意形成を図るうえでの課題」について，「マンションのガバナンスの巧拙」，「コンプライアンスの遵守度」，「マンションに係る権利関係上の問題の有無」，「立地上の問題」および「関係権利者の問題」の5つの視点から考えるとともに，課題への対策について私見を述べ，さらに資金調達上の課題と対策について言及する。

　なお，マンションの終活が必要となる場面として，建物の老朽化等以外に，災害により建物に大きな被害が生じたときや，建物が全部滅失した状況も想定できる。このような危急時においてマンションの終活を考えざるを得なくなると，合意形成と資金調達の問題がより顕著に表れることから，被災マンションの復興の視点からもこの二つの課題について述べることとする。

112

2. 合意形成上の課題

(1) 管理組合のガバナンスの巧拙

マンションの中には，管理組合のガバナンスが極めてよく効いている ものもあれば，ほとんどガバナンスがないに等しいものもある。

ここでいう「ガバナンスが効いている管理組合」とは，団体としての まとまりがあり，マンションの管理者である理事長が適切なリーダーシ ップを発揮できている組織を意味している。

より具体的には，区分所有者の集会の出席率も高く，集会においても 議案等について区分所有者間で議論されるとともに，集会の決議事項等 を管理組合の役員が適切に執行するとともに，災害等の危急時において も対応できる体制が整っている状態を示す。

ところで，少し古い資料であるが，東京都が2013年に行ったマンシ ョン実態調査（以下，「実態調査」という）によると，マンション管理上 の問題として「区分所有者の無関心」を挙げている管理組合が43.1％， 「理事の担い手不足」を挙げている管理組合が32.8％あった。

区分所有者の多くが管理に関心がなくても管理組合の役員がしっかり していれば管理組合のガバナンスは適切に働くこともあるが，基本的に は多くの区分所有者が管理活動に関心をもつマンションのほうが，管理 組合のガバナンスもより良い状態になる可能性が高くなるだろう。もっ とも，残念ながら実態調査の結果から考えると，ガバナンスに問題があ る管理組合は少なくないようである。

さて，ガバナンスに問題のあるマンションにおいては，連絡が取れな い区分所有者がいる事例を見ることは少なくないし，成年後見が必要な

《第2部》マンションの終活の実務

区分所有者が増えてきても特にそのことを問題視していないケースも見受けられる。

　連絡の取れない区分所有者や成年後見が必要な区分所有者が多いことは，特にマンションの終活を進めるうえでの大きな課題ともなる。

　その理由は，建替えやマンション敷地売却を決定するための決議は，区分所有者の貴重な財産であるマンションにとって極めて重要な事項であるため，すべての区分所有者に通知すべきであるし，すべての区分所有者に問題のない判断をしてもらうことが重要となるためである。

　なお，管理組合のガバナンスを向上させるためには，区分所有者一人一人の管理にかかる意識を強くすることが重要であろう。そのためには，マンションの資産価値の維持の点から管理の重要性を唱えるようなことも必要かもしれない。

　また，これに加えて，管理会社やマンション管理士等の専門家がより質の高いサポートをすることも重要であるし，各地の管理組合連合会等の活動もより重要になってくるものといえるだろう。

(2)　管理組合運営のコンプライアンスの重要性

　昨今は，企業の運営においてコンプライアンス遵守の必要性が強く意識されているが，区分所有者の集合体であり，マンションという区分所有者の貴重な財産を維持管理する団体である管理組合[注3]の活動においても，コンプライアンスは重視されるべきである。しかしながら，筆者の経験では，その運営に疑問を持たざるを得ないケースも少なくない。

　なお，日常の管理においても，コンプライアンスの重視は必要であるが，終活を検討する場面においては，その重要性が顕著に表れることがある。それは，区分所有法における建替え決議や，マンションの建替え等の円滑化に関する法律（以下，「円滑化法」という）によるマンション

114

敷地売却の決議を経て終活の手続きを進める場合に，手続き面で重大な瑕疵があるときは，その決議に反対する区分所有者が決議の無効を確認するために裁判に訴える可能性があるためである。そして，この場合には，圧倒的多数で決議された建替えやマンション敷地売却であっても無効の判決が出ることも考えられる[注4]。

本章では紙数の関係で各事項について細かく述べることはできないので，筆者が問題と思っている項目をいくつかあげさせていただく[注5]。

① そもそも管理規約がないマンションがある（前掲の実態調査では，5.9%のマンションで規約がないと答えている）[注6]。

② 古い規約を中心に，規約が区分所有法に違反しているケースも散見される。

③ 特に専有部分が共有されているケースにおいて，区分所有法第40条に規定される「議決権行使者の指定」が適切にされないまま，区分所有者集会において共有者のうちの一人が賛否の意思表示をしていることが多い。

④ 規約に特段の規定がないにもかかわらず，理事本人の代わりに理事の家族等が理事会に代理出席をして，決議にも加わっていることもよく見られる。

⑤ 期の途中で，当初の予算にも事業計画にもない事業を行うこととなったときに，臨時の区分所有者集会を開催せず，理事会決議のみで対応している事例も少なくない。

⑥ 区分所有者集会で決議された事項を理事会が執行しないことがある。

以上に述べた項目以外にも留意すべき事項は少なくないが，管理組合が厳密な形で運営されていない理由の一つとして，管理組合の運営について理事らが学ぶ機会もなく，管理会社も厳密な手続きを求めていない

《第2部》マンションの終活の実務

ことをあげることができるだろう。

　この点に対応するには，まず管理組合の役員にコンプライアンスの意識を持ってもらうことが必要である。これに加えて，行政等から管理組合の役員に向けて管理にかかる情報を発信することや，管理会社の意識の向上およびマンション管理士の能力向上等も必要となるだろう。

(3)　権利関係に問題のあるマンション

　1983年（昭和58年）に区分所有法が改正されるまでは，マンションにかかる敷地権登記の制度がなく，また，区分所有権と土地共有持分権の分離処分が自由な状況だった。さらに，初期のころはマンション分譲会社の中にモラルがかなり低い事業者があったため，特にこの時期以前に分譲されたマンションを中心に，一部ではあるが権利関係に大きな問題を抱えているマンションが存在する。

　具体的には，以下のような事例がある。

〈土地と建物の分離処分が可能だったことによるもの〉

　　・専有部分の面積が異なるにもかかわらず土地共有持分は同一である等，専有部分の面積と土地共有持分に適切な相関関係が確認できないもの

　　・区分所有者と土地共有持分権を有する人物が異なるケース

〈分譲会社の販売に問題があったケース〉

　　・建築許可を取得した後に，マンションの土地を一部分筆して，当該地は分譲の際の売買対象としていないケース（**図1**のようなケース）

　　・マンションの土地が複数の筆で構成されるケースで，一部の筆は区分所有者全員の共有となっているものの，他の筆は区分所有者の一部の共有にしかなっていないケース（**図2**のようなケース）

　このようなマンションで終活の検討をする場面では，終活のための合

終活に至る実務からみた課題

m	n	o
j	k	l
g	h	i
d	e	f
a	b	c

甲筆 （区分所有者全員で共有）	乙筆 （第三者所有）

建築確認申請を取得した土地の範囲

図1 甲乙二筆で区分所有建物を建築するための建築許可を取得したのちに，分譲会社が甲筆のみをマンションの敷地として分譲したケース

m	n	o
j	k	l
g	h	i
d	e	f
a	b	c

甲筆 （区分所有者全員で共有）	乙筆 （aのみ所有）

図2 甲乙二筆の土地にマンションが存するときで，甲筆は区分所有者全員で共有しているものの，乙筆は区分所有者の一部のみ（この例ではaのみ）が所有しているケース

意形成活動に加えて対応しなければいけないことが出てくるが，一方で権利関係に問題のあるマンションにおいても，その問題を認知していない区分所有者は少なくない。このようなことを考えると，特に高経年マンションでは区分所有者自身もマンションの権利関係に問題があるか否かを確認しておいたほうがよいだろう。そのうえで何らかの問題があるときは，専門家等の助言も得ながら終活のための対応方法について準備をしておくべきだろう。

⑷ 立地上の問題

　初期のころのマンションは，大都市の一等地を中心に供給されてきたが，その後のマンションブームにより，マンションの供給範囲は都市の

《第2部》マンションの終活の実務

周縁部からその外側にまで拡大してきた。

たとえば公団や公社の分譲団地は，高度成長期の後期以降は郊外のバス便の立地でも供給されているし，バブル期には地方都市の郊外立地でもマンションが供給されている。

ところで，郊外のマンションや団地のすべてに問題があるわけではないが，住宅地として不人気な立地で地価も安い場所に存するマンションのなかには，建物の解体費が土地の更地価格を上回るものがある。このようなマンションについては，ある時点から終活に向けて適切な準備をしておかないと，建物が利用できなくなった時点で，その建物が放置されたままとなるリスクが高くなるだろう。

幸いなことに，初期のころに分譲されたマンションは比較的地価の高い立地にあるため，現時点ではこの問題は顕在化していない。しかしながら，2020年はマンションが大量供給されてから50年目に相当する[注7]ことを考えると，筆者は，近い将来に上述の問題が顕在化する可能性が高いと考えている。なお，この事態に備えるには，管理組合で建物の解体に必要な費用相当額を積み立てることを真剣に視野に入れるべきである[注8]。

そのほか，マンションの敷地の特性だけでなく，その周辺の立地状況が終活を左右することがある点をあげておきたい。たとえば，マンション立地が商業地域にあるときでも，マンション立地の南方向以外に低層住宅地が存するようなときには，住宅地に対しての日影の制限により建築が制限されること等をあげておきたい[注9]。

(5)　関係権利者の同意

関係権利者の同意を得る場合に厄介な問題は，基本的にその同意を取り付けるべき人物は，管理組合でも不動産会社でもなく区分所有者自身

118

であることである。

　たとえば，建替え決議後に円滑化法の権利変換手法により建替えを進めるマンションにおいては，円滑化法上は抵当権者の同意があれば施行マンションに設定されている抵当権を施行再建マンションに付け替えることができるとされている（円滑化法第73条）。しかしながら，現実問題として，それぞれの区分所有者がこの仕組みをよく理解したうえで金融機関に合理的な説明をすることは困難だろう。

　また，借家人との明渡し交渉に際しても，単に「建替えが決まったから出てください」という話ではなく，多くの場合は立退き料等の金銭の支払いが伴うことを考えると，その交渉は区分所有者本人の手に余ることが多い。

　以上の理由から，特に抵当権者の同意のような場面では，コンサルタント等が区分所有者とともに金融機関を訪れて説明することが必要となることが多い。なお，抵当権についてはコンサルタント等の協力も可能であるが，借家人の明渡し交渉について第三者の協力を求めるときは弁護士に依頼することとなる。

　いずれにしても，マンションの終活を進めるときに関係権利者がいるような場合には，手間と時間と費用がかかることから，関係する区分所有者の悩みも大きくなるのである。

3. 終活のための資金計画上の課題

(1) 必要とされる資金について

　マンションの終活を進めるためには，2.に述べたように関係権利者を

《第2部》マンションの終活の実務

表1　マンションの終活に必要な資金の分類

	建 替 え	マンション敷地売却
初期経費	・調査等に要する費用 ・コンサルティング料	・調査等に要する費用 ・コンサルティング料
決議までに かかる費用	・合意形成にかかる費用 ・（耐震診断費） ・土地の測量費 ・設計費（基本設計） ・その他（コンサルティング 　料等）	・合意形成にかかる費用 ・耐震診断費 ・土地の測量費 ・その他（コンサルティング 　料等）
決議以降に かかる費用	・解体費用 ・敷地境界の確定 ・設計費（基本設計，実施設計） ・建築工事費 ・各種申請費用 ・補償費 ・コンサルティング料 ・事務費	・敷地境界の確定 ・コンサルティング料 ・各種申請費用 ・事務費

含めた合意形成とともに，終活を進めるための資金の調達も大きな課題となる。そこで本節では，この資金調達について考えることとする。

　さて，この問題を考えるに際して，終活を進めるために必要な資金について，「建替え」で進む場合と，「マンション敷地売却」で進む場合について簡単な比較表で見てみよう（**表1**）。

　マンション敷地売却の場合は，既存建物の解体費や新たな建物の建築費，設計費等までの資金は必要とされないが，耐震診断はマンション敷地売却を決議するための要件となるし，円滑化法上の諸手続きはコンサルタント等の専門家に依頼することが必要となるので，そのための費用（コンサルティング料）も発生する。

表2　マンションの終活のための資金源

分　類	具体的な手法
自己資金	・管理組合としての準備（修繕積立金の充実，解体積立金の準備等） ・区分所有者ごとに資金の準備をすること
資産売却	・土地共有持分の一部を不動産開発会社等に売却 ・マンションの土地の一部を保留地として売却
借入金	・管理組合として借入れをする ・各区分所有者がそれぞれ借入れをする
その他	・補助金等

　さらに，設計図書を紛失したマンションでは，耐震診断に際しては，建物の現況から設計図を作り直すことまで必要となるため，そのための費用も必要となるし，建替えを進めるときは，既存建物の解体費や設計費と建築工事費の負担が極めて大きなものとなるため，そのための資金調達はより大きな課題となるだろう。

⑵　資金調達方法について

　次に，これらの資金の調達方法について考える。

　まず，マンションの終活を進める場合の資金源は，大きく分けると次の4つの中のいずれかに分類できる（表2）。

　⑴で述べた費用についても，初期経費や決議までにかかる費用は基本的には修繕積立金から支払うことになるため，修繕積立金の拡充は不可欠である。

　なお，修繕積立金の使途は規約で定められているため，「建替え」や「マンション敷地売却」を検討するための費用が修繕積立金の使途と規定されていないときは，規約を変更しなければならない。

《第2部》マンションの終活の実務

　また，管理組合が金融機関から終活の検討に必要な資金の融資を受けるときにも，基本的にはその返済原資は修繕積立金となる。すなわち，毎月の積立額が少ないと借入れ可能な額にも制約が生じることとなるため，修繕積立金の拡充は管理組合が借入れをする場面においても重要となるのである。

　ところで，修繕積立金の滞納者の割合が高いと，融資を受けられなくなる可能性もある。なお，これは2.で述べた管理組合のガバナンスの問題にもつながってくる事項でもある。いずれにしても，適切な管理費や修繕積立金が積まれていることと，修繕積立金や管理費の滞納者がいない（あるいは，ほとんどいない）ことは，管理組合が金融機関から融資を受けるときでも必須の事項であることを，区分所有者や管理組合の役員らは理解しておく必要がある。

　次に資産売却についてであるが，現状では，この手法はマンションの終活の中でも主として「建替え」を進めるときの資金調達の一つの方法となっている。

　これまでの建替えの多くは，不動産価格が高い立地にあるとともに，容積率にも余剰があるという極めて恵まれたマンションにおいて実現されてきた。また，容積率をほぼ消化しているマンションであっても，土地の面積等の要件を満たしたうえで，公開空地の提供や建物内に公共貢献施設等を設置したときには，総合設計制度やマンション建替え型総合設計制度の対象となり，容積率のボーナスが適用されることもある。

　このような形で余剰容積率を享受できる好立地のマンションでは，土地共有持分の一部を不動産会社等に売却することにより，その売却益でマンションの建設費の一部をまかなうことが可能となる。これが，土地共有持分の一部を売却する場合に相当する。

　図3に示す例では，建替えに際して従前の区分所有者であるa～fは，

終活に至る実務からみた課題

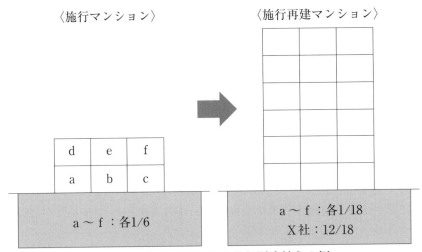

図3 土地の共有持分の売却型建替えの例

① 従前が6戸（面積は同じで、土地の共有持分も各1/6とする）のマンションで、建替えによって3倍の大きさのマンションが建築できものとする。
② 従前権利者（a〜f）は、前と同じ専有面積の住戸を取得するものとし、余剰容積に相当する土地の共有持分はX社（不動産会社）に売却するものとする。

X社にそれぞれ2/18の土地共有持分を売却することで、施行再建マンションの住戸を取得するための費用の一部を捻出することが可能となる。なお、建築費が高額でなく、不動産価格も高い立地においては、追加金を拠出することなく施行再建マンションの住戸を取得できることもある。

もっとも、この例のように恵まれたマンションはほとんどなく、多くのマンションは余剰容積率もなく、総合設計制度の利用も困難であることから、今後は建替えの検討においても修繕積立金等の拡充はより重要となるだろう。

なお、保留地を売却して建替え費用を捻出するケースとしては、郊外団地の建替えの場面が考えられる。

123

《第2部》マンションの終活の実務

最後に，補助金についてであるが，再開発の場合と異なり，マンション建替えでは補助金が利用できた事例は多くない[注10]。補助金については自治体ごとに状況は異なるので，終活を検討する時点で自治体等への調査が必要だろう。

4. 被災したマンションが終活を検討する際の課題

マンションの終活を進める場面では，これまで述べてきたように様々な問題が一気に噴出することがある。そのため，日ごろから管理組合のガバナンスに心がけることや，コンプライアンスの遵守に留意することが重要であることは前述の通りである。また，権利関係や立地上の問題があるマンションにおいては，区分所有者らの理解と準備が必要であることも前節で述べた。

ところで，平常時であれば，終活の準備も時間をかけて対応することが可能であるが，災害によりマンションが被災したときに，その被災の程度が大きいため，終活の方向で進まざるを得なくなった場合には，合意形成にかかる諸問題が極めて大きな形で表れてくることとなる。

すなわち，大規模災害により被災したマンションの復興を被災マンション法の手続きで進めるときは，建物が全部滅失したときであっても政令が指定する日から3年以内であり，大規模滅失の場合は1年以内に決議を行わなければならないとされている[注11]。しかしながら，建物の再建と並行して生活の再建まで進めなければいけないなかで，この期間内に手続きを進めることは，被災者にとってはかなり困難なこととなる。

このようなことを考えると，2.でも述べた管理組合のガバナンスやコンプライアンスの問題に日ごろから対応できているか否かが，被災マン

ションの復興という場面になると，より大きな影響を与えることとなる
だろう。

5. おわりに

　マンションは，我が国の都市部では一般化した居住形態であり，また，
「マンションは管理を買え」などともいわれるようになってから久しい
ものの，マンションの終活実務を担ってきた立場から見ると，高経年マ
ンションを中心に，管理に問題があるマンションは少なくない。加えて，
特に初期のころのマンションには権利関係に問題があるマンションも存
在する。

　最後に，世の中には，マンションの管理と終活は対立する概念であると
とらえている人もいるようであるが，本章でも述べてきたように，この二
つは密接に関係する事項である。すなわち，日常の管理を適切に行うこと
でマンションを長く利用することが可能になるとともに，終活の場面でも
良質なマンション管理は極めて重要なキーワードとなるのである。

　我が国のマンション管理の質が向上することで，良質なストックを形
成することと，その結果としてマンションの終活も円滑に進むようにな
ることを祈念したい。

（注1）　区分所有法第2条第3項においては，「専有部分とは，区分所有権の目的た
　　　る建物の部分をいう」旨が規定され，同条第4項においては，「共用部分とは，
　　　専有部分以外の建物の部分，専有部分に属しない建物の附属物および第4条第2
　　　項の規定により共用部分とされた附属の建物をいう」旨が規定されている。

125

《第2部》マンションの終活の実務

（注2）　太田知之，村辻義信，田村誠邦（編著）（2005）『マンション建替えの法と実務』p.224他，有斐閣

（注3）　管理組合は，前述のように，区分所有者の財産を管理するとともに，多額の修繕積立金等の管理もしている団体でもある。

（注4）　東京地判平成19年1月24日

（注5）　具体的には，拙著『マンション再生』（2014）プログレスの第4章，『最強マンションの購入術』（2018）ロギカ書房の第3章等を参照されたい。

（注6）　区分所有法第3条では，「区分所有者は全員で，建物並びにその敷地及び附属施設を管理するための団体を構成」する旨が規定されている。すなわち，区分所有建物があり，2人以上の区分所有者がいれば，その建物等を管理する団体は当然に存在することとなる（区分所有法第3条に規定する団体が管理組合であると解される）。一方で，実態調査では，6.5％のマンションで「管理組合がない」と回答しているが，現実には「組織化した管理組合が存在しない」ことを意味しているものと思われる。

（注7）　国土交通省が公表している「分譲マンションストック戸数」によると，1968年は5.2万戸，1969年は7.7万戸にすぎないが，1970年は5.7万戸，1971年は4.5万戸，1972年は5.4万戸のマンションが供給されたのち，1973年には8.4万戸が，1974年には12.3万戸が供給されている。

（注8）　解体積立金の必要性については，富士通総研の米山秀隆氏が以前から主張されている。筆者は，ある時期までは「建替え積立金」が必要である旨主張していた（『マンション建替え』日本評論社等）が，建替え費用の相当額を積み立てることは困難であることから，昨今はむしろ解体積立金を推奨している。

（注9）　前掲『最強マンションの購入術』p.153

（注10）　一部ではあるが，優良建築物等整備事業の補助金が下りているケースもある。そのほか，東京都の特定緊急輸送道路沿線の耐震不足マンションの建替えに際しては耐震改修の補助金が下りているケースもある。

（注11）　建物が全部滅失した場合で，被災マンション法が適用されなくなると，再建も売却も民法の規定（全員同意）で進めざるを得なくなる。また，大規模一部滅失したときも，期間内でなければ決議により売却を進めることができなくなるほか，区分所有法第61条〔建物の一部が滅失した場合の復旧等〕第12項の問題が発生する。

京都・西京極大門ハイツの事例からみた終活のプランニング

株式会社アークブレイン 代表取締役
明治大学 研究・知財戦略機構 特任教授
田 村 誠 邦

　マンションが高経年化していく中で，建物の老朽化と区分所有者や居住者の高齢化に伴い様々な問題が顕在化してくる。こうした中で，高経年マンションの管理運営の在り方によって，快適な生活と財産価値を保てるマンションであるかどうかという観点からマンションの価値に大きな違いが生まれてくる。そのキーポイントとなるのは，マンション管理組合の在り方である。マンション管理組合は，区分所有法第3条によって「建物並びにその敷地及び附属施設の管理を行う」ことを目的とする団体と規定されており，管理組合の行う行為が，この目的の範囲内であることを期待されている。しかし，高経年マンションの管理運営を円滑に行い，終活に備えていくためには，財産管理団体としての性格を超えた，より積極的な経営の姿勢がマンション管理組合に求められるのではないだろうか？

　こうした観点から，本章では，京都市右京区の「西京極大門ハイツ」の事例を取り上げ，高経年マンションの管理運営，さらにはマンションの終活のプランニングを考える一助としたい。

《第2部》マンションの終活の実務

1. 管理組合の目的と位置づけ

　区分所有法第3条には，「区分所有者は，全員で，建物並びにその敷地及び附属施設の管理を行うための団体を構成し，この法律の定めるところにより，集会を開き，規約を定め，及び管理者を置くことができる。」とある。この「建物並びにその敷地及び附属施設の管理を行うための団体」というのが「管理組合」であり，したがって，管理組合の目的は，「建物並びにその敷地及び附属施設の管理を行うこと」にある。すなわち，管理組合は「財産管理団体」としての性格を持っている。

　また，2017年8月に発表された「マンション標準管理規約（単棟型）及び同コメントの改正点」では，管理組合について，次のように述べている（下線・筆者）。

　「管理組合は，「建物並びにその敷地及び附属施設の管理を行うための団体」（区分所有法第3条）であって，マンションの管理又は使用をより円滑に実施し，もって区分所有者の共同の利益の増進と良好な住環境の確保を図るため構成するものであり，区分所有者全員が加入するものである。区分所有法によれば，区分所有者の数が2名以上の管理組合は法人となることができるが，この規約では管理組合を法人とはしていない。したがって，ここにいう管理組合は権利能力なき社団である。管理組合は，区分所有者全員の強制加入の団体であって，脱退の自由がないことに伴い，任意加入の団体と異なり，<u>区分所有者は全て管理組合の意思決定に服する義務を負うこととなることから，管理組合の業務は，区分所有法第3条の目的の範囲内に限定される。ただし，建物等の物理的な管理自体ではなくても，それに附随し又は附帯する事項は管理組合の目的の範囲内である。</u>各専有部分の使用に関する事項でも，区分所有者の共同利益に関する事項は目的に

128

含まれる。その意味で，区分所有法第3条の「管理」概念は，専有部分の使用方法の規制，多数決による建替え決議など，団体的意思決定に服すべき事項も広く包摂するといえる。なお，管理組合内部における意思決定や業務執行についての統制も，法と規約に基づき行われることが要請されていることに留意する必要がある。」

すなわち，管理組合として成し得る業務の範囲は，「建物並びにその敷地及び附属施設の管理」と，「それに付随し又は付帯する事項」に限られるというのが，一般的な法的解釈といえよう。

2. 高経年マンションで必要とされるマンション管理組合の業務範囲

高経年マンションでは，建物の老朽化，区分所有者や居住者の高齢化，単身高齢者の増加など家族構成の変化，区分所有者それぞれの置かれた状況の多様化などにより，様々な問題が顕在化する。

たとえば，管理組合の役員の成り手不足などによる管理組合の機能不全，修繕積立金や管理費の滞納，維持修繕コストや管理コストの増加，大規模修繕に伴う修繕積立金の値上げや一時金の徴収，高齢者の増加等による災害時の避難上の問題，老朽化に伴う財産価値（市場取引価格）の下落，高齢者の増加に伴う介護・医療サービスや日常の買い物等の生活サポートの必要性，外部居住者の増加に伴う賃貸化や管理組合への無関心化の進行，建替えか大規模修繕かの意思決定の困難化などである。

これらの問題への対応策として，第三者管理が挙げられることもあるが，これらの問題の根底には，高齢化に伴う区分所有者の資金負担力の低下という課題があり，相応のコスト負担を伴う第三者管理で解決でき

《第2部》マンションの終活の実務

るマンションは，ごく恵まれたマンションに限られるのではないだろうか？

　それでは，通常の高経年マンション，すなわち，区分所有者の資金負担力が低下している高経年マンションが上記のような問題に対応するためには，どのような手段があるのであろうか？

　実際には，それぞれの高経年マンションで抱えている問題や事情が異なるため，その問いに応えることは容易ではないが，マンションの管理組合自体が単なる建物等の物理的な管理だけでなく，自立する経営主体として，これらの問題に対応することが一つの有力な答えになるのではないだろうか？　そして，その一つの有力な実証例が，京都市右京区にある「西京極大門ハイツ」の事例なのである。

3. 西京極大門ハイツの管理組合の取組みとは？

　京都市右京区に所在する「西京極大門ハイツ」は，1976年に竣工した戸数190戸のRC造7階建てのマンションである（図1）。一見どうというところのない普通のマンションであるが，実はこの西京極大門ハイツの管理組合は，おそらくわが国で最も斬新な管理運営，自立的なマンション経営を実施している管理組合なのではないだろうか。

　西京極大門ハイツの管理組合のユニークな取組みは多岐にわたるが，ここでは，高経年マンションの直面する課題，マンションの終活に関連する課題に対応した取組みに絞って取り上げることにする(注1)。

(1)　将来を見据えた環境整備積立金

　西京極大門ハイツの管理組合（法人格を取得しているので「西京極大門

130

図1　西京極大門ハイツの南側外観(外壁は外断熱改修がされている)

ハイツ管理組合法人」(以下,「管理組合法人」という))の最大の特徴は,「環境整備積立金」という独自の積立金を,管理費会計,修繕積立金会計とは別の特別会計として設けていることにある。この環境整備積立金は,当マンションに隣接する用地の取得に充てるための積立金である。実際に,この積立金を用いて,現在,当マンションの集会室等が入っている3階建ての建物とその敷地を平成18年ごろに取得している。

実は,この環境整備積立金の仕組みは,その前の年に,別の隣接地の取得のために設けられたという話であった。残念ながら,その隣接地買収の話は入札の結果,落札できずに終わったが,その際に用意した環境整備積立金によって,現集会室が入っている建物(当時は1階がスーパーマーケット,2・3階が当該スーパーマーケットの本社が入居)とその敷地を購入できたという[注2]。

土地の購入にはタイミングが重要であり,通常の管理組合では総会での議決が必要であるため,仮に購入資金があったとしてもタイミング的

に間に合わないと考えられる。しかし，当管理組合法人では，事前に「隣地取得審査会」という組織をつくり，隣接地の購入に当たって，総会の議決を経なくても，理事会が隣地取得審査会の了解を得て購入するという仕組みを用意していた。隣接地の購入については，毎年，環境整備積立金の範囲で，管理組合の当初予算に計上しており，実際にどこかの隣接地を買うか買わないかは，隣地取得審査会での購入価格の適正さの審査を経れば，予算執行の形で購入できる仕組みである。また，隣地取得審査会の委員は総会で選ぶので，理事会に対するチェック機能は満たされていることになる。いくらでどこを購入したか，購入しなかったかということは，総会での事業報告，決算報告の形で組合に対して報告される。また，購入できる敷地の範囲は，公道に囲まれた当マンションを含む街区内で，かつ当マンションの敷地に隣接するという条件が規約の中に明記されており，環境整備積立金の目的外使用を制限できる内容となっている。

　それでは，環境整備積立金の目的とは何なのだろうか？　それは，当マンションの建替えのためである。しかし，隣接地を買い増しして，現在のマンション敷地を中心に建て替える計画ではない。高齢者には建替え期間中の仮住まいの負担が大きいため，当マンションの敷地を隣接地と併せて売却予約し，その資金で別の場所に新築のマンションを建て，仮住まいなしに建替えを実現する計画である。それでは，なぜ隣接地を購入するかというと，隣接地と併せた方が敷地の価値が高まるとの判断によるものだ。確かに，京都中心部にまとまった用地は少なく，二方路に面する当マンション敷地に隣接地を併せれば，マンション用地としての価値は一層高まるに違いない。この環境整備積立金の制度をつくった当時は，こうした別敷地での建替えに利用できる法制度はなかったが，現在は，敷地売却制度を利用すれば，合理的な建替え事業ができるはず

である。また，将来の建替えまでの間は，購入した隣接地は遊ばせておくわけではなく，当マンションの区分所有者や居住者に対するサービスを展開するために利用したいとのことだ。実際，平成18年ごろに購入した現集会室のある建物も，集会室以外に様々な利用が行われているが，これについては項を改めて書くことにしたい。

　なお，この環境整備積立金の特別会計の財源は敷地内の駐車場料金で，当初の原資は，積立金制度をつくる時点から遡って過去10年分の駐車場収入を修繕積立金から振り替える形で用意したとのことである。したがって，隣接地の購入に当たって，特別に各住戸から資金を徴収したことはなく，また，過去の大規模修繕でも，そうした個別徴収は一回も行っていないとのことであった。

⑵ 将来のグループホーム構想とリバースモーゲージ

　西京極大門ハイツでは，前述の環境整備積立金を活用して，将来的には組合員が入居できるグループホームを整備する構想を持っている。これは，区分所有者の中で一人暮らしの高齢者が増えていく中で，その受け皿としての施設を整備しようという考えだ。しかし，当マンションが整備するグループホームには全員が入居するわけではないから，整備費を含む入居費用は，ある程度，入居者に負担してもらわざるを得ない。そのとき，いま所有しているマンションの住戸を売却して入居費を調達するとすると，組合員ではなくなるので，当マンションが整備するグループホームに入居するのは何かおかしな話になる。そこで，組合員資格を持ったまま，住戸を売却せずにグループホームへの入居費用を捻出する仕組みが必要となる。そのため，グループホームへの入居一時金について，住戸を担保に管理組合法人が区分所有者に融資するために，リバースモーゲージの仕組みを用意しようという計画である。グループホー

《第2部》マンションの終活の実務

ムの月々の入居費用は，元の住戸の賃貸収入で賄い，その区分所有者が
亡くなったときに，管理組合法人が担保に押さえている住戸を処分して
資金を回収するという計画である。

　実際にグループホームを整備するのは，10年ほど先を想定している
とのことだが，その間に，環境整備積立金で購入した隣接地に，グルー
プホームや訪問看護ステーションを誘致するとのことだ。具体的には，
購入した隣接地を介護事業者に定期借地権で貸し付け，そこに介護事業
者の負担で施設を整備してもらう。地代は相場より安くするが，その分，
当マンションの組合員が入居する際には，安く入居できるという仕組み
である。定期借地権での賃貸であれば，将来の別敷地での建替え時に，
当マンションの敷地と併せて購入した隣接地を売却する際にも支障がな
いわけで，非常にリーズナブルな発想である。

(3)　耐震補強と建替えとの比較判断

　西京極大門ハイツでは，耐震診断や耐震補強は行わず，別敷地での建
替えを計画している。その理由としては，耐震診断を実施しなくても耐
震性不足は明らかであり，耐震改修には約8億円の費用（住戸1戸当た
り400万円強）がかかり，しかも，耐震改修後の住戸の資産価値（市場
取引価格）が上昇する見込みもなく，耐震改修後に建物が何年もつか，大
地震に耐えられるかどうか，大丈夫だとは言い切れないからだという。

　また，建替え時の新築費用（建替え時の負担額）を1戸当たり2,000万
円と見積もり，区分所有者の負担は，1戸当たり500万円の自己資金で
済むようにしたいという。それを負担できない区分所有者は，組合に
1,500万円で住戸を売却して転出できるようにしようと考えている。

　このような構想のもとに，環境整備積立金を使っての隣接地の購入を
計画的に進めているわけである。

京都・西京極大門ハイツの事例からみた終活のプランニング

⑷ 災害に備えての計画

　西京極大門ハイツでは，上記のように耐震改修ではなく建替えを選択しているが，だからこそ，大地震等の災害に備えての日常の取組みを通常のマンション以上に強化している。具体的には，京都市が公表した大地震時の被害想定をもとに，どこの断層が動けばこの地域にどれくらいの被害が出るか，マンションの居住者が大地震に備えておくべきこと，管理組合が大地震に備え準備していること，避難時の行動などをまとめたパンフレットを作成・配布している他，年１回は防災訓練を実施している。また，防災訓練とはいわずに，４月の桜まつり，８月の夏まつり，10月のオータムフェスタ，12月の大門まつりと，年４回の煮炊きのイベントを行い，イベントの中で非常用の設備を使う経験を積んでもらうようにしている。

　また，災害時や，火事や水漏れ事故等に備えて，居住者名簿を組合で管理しており，入居者には最初に説明して名簿の提出を義務づけ，組合で管理する集合郵便受けには，名字が記載されている。

　また，被災後は，地域の避難所にマンション居住者を受け入れることを期待せずに，当マンションに戻って生活できるような仕組みを考えている。たとえば，被災後に管理組合法人は，理事会メンバーと防災委員会のメンバーからなる災害対策本部を設置し，予算の裏付けがなくとも，管理費の１か月分については災害対策費として執行できる仕組みを持っている。さらに，災害対策本部が設置されたときには，お米等の必需品については，組合員から管理組合が被災前の市価の３倍までの値段で買い取る制度があり，非常食等の蓄えの組合員の分を組合で確保できる助け合いの仕組みを用意している。この他，マンホールの蓋の下に非常時の飲料水に使える90tの地下水槽と手動のポンプで揚水できる仕組みを

135

《第 2 部》マンションの終活の実務

図 2　防災用備蓄倉庫（非常時には，水洗トイレ（2 個）になる。ブロックで床を上げて排水勾配を取っており，床下に排水パイプが見える。解説をしているのは佐藤芳雄理事長）

用意し，防災用備蓄倉庫（図 2）を被災時には 2 か所の非常用水洗トイレとして使えるようにするなど，実によく考えられた災害時対応計画が用意されている。

(5)　住戸の中古流通と財産価値の確保

住戸数 190 戸の西京極大門ハイツでは，2012 年から 2016 年の 5 年間で 25 件の住戸の売買があったという。購入世帯は 25 件中，60 歳未満

の世帯が22件と大半を占め，中古流通により区分所有者層の若返りが図られている。近年の京都市内の中古マンションの値上がり傾向もあって，当マンションで売却したい住戸があれば買いたいという順番待ちの状態になっているが，中古の売値が上がりすぎると，将来の建替えに支障ができる可能性もあり，中古の値上がりも痛し痒しだという。

　また，売却希望の住戸が出ると，その住戸の販売用パンフレットを管理組合法人が作成しているが，それが可能になるのは，部屋の図面や面積，管理費や修繕積立金の額とその滞納の有無，その住戸のリフォーム履歴や事故履歴，専有部分の床下配管などの情報を，部屋番号を入れたら自動的に出せるシステムを用意しているからである。パンフレットは1部3,000円で，2部目からは1部1,000円と有料で，売却希望の区分所有者の負担で作成し，売却する部屋に備え，購入希望者が閲覧できるようにしている。

　管理組合法人は，190戸について各々の住戸価格を査定し，売却希望者にはその価格を公開しており，また，買取り再販の不動産業者の買取り価格よりは高い価格で組合が買い取る準備は規約上の規定を含めて用意しているが，実際の買取り事例はまだないとの話である。

　管理組合として，住戸の買取りの仕組みや中古流通上の重要事項説明に有用な資料まで作成している事例は少なく，住戸の財産価値の維持にも役立つ取組みとして注目される。

⑹　組合員・居住者のための共用施設の自主整備

　西京極大門ハイツでは，前述の環境整備積立金で購入した既存建物（元スーパーマーケットとその本社ビル）を，組合の集会室（**図3**）の他，就学前の児童を対象とした子ども絵本文庫（カンガルー文庫：**図4**），ゲストハウス，麻雀室等に改装して利用しているほか，1階部分では住民ス

《第2部》マンションの終活の実務

図3　集会室（最大150名収容でき，近隣のマンション管理組合等の利用も受け入れている）

図4　カンガルー文庫（子ども絵本文庫）

図5　屋根付きの駐輪場（左側は貸物置）

タッフが運営する日曜喫茶があり，マンション居住者のみならず周辺地域の人々の憩いの場となっている。子ども絵本文庫は，親も一緒に来て子どもたちの面倒を共同でみており，小さいお子さんを安心して遊ばせながら，母親たちにとっては，貴重な情報交換や交流の場となっており，マンション全体で子育て支援対策を行う姿勢がうかがえる。屋根付きの駐輪場（図5）も増設し，1台当たり年間3,000円と比較的高い値段で貸しているが，これは，駐車場料金（月額12,000円）とのバランスで決めている。また，駐輪場の近くに貸物置も用意している。

　このほか，助成金を使っての外断熱工事，屋上の太陽光パネルの設置，住戸の電気容量のアップ工事，給水管の取替え工事，エントランスのバリアフリー工事，テレビドアホンの設置，高置水槽の撤廃，エレベーター更新，防犯カメラ設置，地下埋設ガス管改修，自動車ゲートの新設，光ファイバー回線など，組合員や居住者の住環境を改善するための工事を管理組合法人が積極的に行っている。

　こうした大規模修繕等の負担は，借入金なしに修繕積立金の範囲内で実行しており，修繕積立金も同規模マンション相場の範囲内に抑えているという。それが可能となるのは，修繕工事の大半について，管理組合法人で仕様書をつくり，インターネットや業界紙で工事業者を公募し，最低落札価格での工事発注を行っているからである。交流のあるマンションに実際の工事の内容を見せてもらい，情報を蓄積し，設計事務所や施工会社任せにならないように工夫している。

　たとえば，屋上のパラペットを貫通して電気の配線をしたい場合，電気工事業者に任せると，漏水の恐れがあるので，より安全な，しかしコストのかかる仕様を選択するのがふつうである。それを，組合でパラペットに，さや管を入れるところまで別発注するので，漏水のリスクなしに電気の配線工事ができ，結果的に発注工事費が低減できるという。

《第2部》マンションの終活の実務

　こうした，研究熱心で自主的な取組みが，相場以下の修繕積立金で，充実した共用部の改修や，環境整備積立金の創設を可能にしているのである。

⑺　自主管理と組合員の管理人としての雇用

　西京極大門ハイツでは，完全な自主管理を行っており，現在7名の管理人を直接，雇用している。男性3名，女性4名で，シフト制で常時4名くらいが勤務できるようにしており，年齢的には50歳くらいから76歳までで，全員組合員である。もともとは外部から求人募集していたが，応募がない時期が続き，現在の形に落ち着いたという。特に年金世代の人は，収入のこともあるが暇つぶしが必要で，暇つぶしにもお金がかかるので，職住近接で時間の融通もつく管理人としての勤務は最適である。また，ご夫婦で居住され，夫がデイサービスを利用するようになったときには，時間的な制約で妻はパートにも行けないことが多いが，職住近接の勤めであれば問題はないわけである。

　このように，管理組合が組合員の雇用まで含めたマンション内での経済循環システムを用意しているのは，米国などのコーポラティブハウスや，北欧のコレクティブハウスの事例にはあるが，わが国では画期的なシステムであろう。

⑻　揉め事を起こさない管理組合の運営の仕組み

　このように，西京極大門ハイツでは，他のマンションにはみられない画期的な管理運営，経営的な取組みを行っているが，それらを導入した際の組合総会では，ほとんど全員一致の賛成の議決を得ているという。

　どうすればそうした円滑な組合運営が可能になるのであろうか？

　それには，いくつかのきわめて用意周到な管理組合の運営方法，ルー

ルづくりがある。まず，管理組合の理事会は，理事5名，監事2名で構成され，評議員会が実質的に役員の選任権を持っている。評議員会は年に2回開かれ，理事会から事業の進捗状況，収支状況，総会提出議案等についての説明を聞いて，意見があれば意見を出すという，理事会に対するチェック機能を担っている。理事は改選期には5人中2名が交代するが，輪番制ではなく，あくまで評議員会の推薦に基づき，任意に自主的に役割を担っている。多くの組合で輪番制を敷いているのは，管理会社にとってそれが都合がいいからで，自主管理の場合は輪番制だとうまくいかないという。理事や評議員以外にも，町会の参与や防災委員会，コミュニティ委員会，日曜喫茶の世話係など，組合員の約半数くらいが何らかの役割を持っている。これらのうち，評議会員と町会の参与は輪番制だが，そのほかは任意にやる気のある方がやっている。

　また，管理費については，自主管理で余剰が生じた場合には，各住戸に返すことで，修繕積立金や環境整備積立金とは完全に独立した会計としている。現在の環境整備積立金の原資は，もともとの駐車場料金のほか，太陽光発電の売電代金，管理組合で所有している物件の店舗賃料で賄っている。こうした管理組合法人としての長期的・経営的視点は，25年前につくられた長期修繕計画の中にすでに，「組合財産の計画的・効率的・技術的運用をすることが組合員の利益にかなう」と記載されているとのことである。こうした視点は，最初の大規模修繕の際に資金繰りで苦労した経験から生まれたものであり，組合員にきちんと情報を公開し，組合員皆が何らかの形で組合運営に係るマンションづくりをする必要があるとの考えから，組合員の約半数が何らかの形で組合運営に携わる今の組織体制が生まれたという。

　また，修繕積立金については，「管理費等の負担額を定める細則」という単独の細則に従い，長期修繕計画を見直す議決の際に，部屋タイプ

《第2部》マンションの終活の実務

ごとに何年から何年まではいくらということをあらかじめ定めており，いちいち修繕積立金の値上げの議決を総会で諮らなくてもいい仕組みとなっている。

通常の管理組合のように来年からいくらに上げるといった議案では，反対意見が出て揉めてしまうが，西京極大門ハイツでは，周到な準備の下に，揉め癖を付けないような仕組みができているのである。

4. 西京極大門ハイツに学ぶ管理組合の長期的・経営的視点

管理組合が単なる「建物並びにその敷地及び附属施設の管理を行うための団体」という存在を超えて，長期的・経営的視点の下に，組合員全体を巻き込む形で自らの住環境の改善，将来に向けての計画の実現に着実に取り組むことにより，高経年マンションが抱える課題の多くを解決し得ることを，上記の西京極大門ハイツの事例は教えてくれる。

西京極大門ハイツの取組みは，実は当たり前のことを手間暇かけて，たゆまず続けていくことによって実現しているのではないだろうか？管理会社任せで，労をいとい，何か問題があれば管理会社に文句をいうだけの受け身のマンション管理組合では，こうしたことは実現しない。まさに，管理組合にも，長期的・経営的視点が求められているのである。

また，制度面でいえば，管理組合を，単なる「建物並びにその敷地及び附属施設の管理を行うための団体」と捉えるだけでは，こうした取組みは生まれ得ない。マンションの持続可能性を高めるためにも，従来の区分所有法の管理組合の業務範囲に係る法解釈は改めるべきであり，自立的で長期的・経営的視点を持った管理組合が，さらに多く生まれることを期待したい。

142

（注1）　本章は，一般財団法人住総研の「『マンション』の持続可能性を問う」研究委員会として，2017年4月16日に，西京極大門ハイツを視察で訪れた際に，同管理組合法人の佐藤芳雄理事長にヒアリングを行った内容をもとに記述している。

（注2）　管理組合法人化は1987年に行われ，当初は組合としての大規模修繕資金の借入れを目的にしていた。隣接地の取得は管理組合法人として登記ができることで可能となっているが，一般的な区分所有法の解釈では，管理組合の業務の範囲を逸脱しているとされることが多い。

方針の明確化による
マンション再生の取組み
─稲毛海岸三丁目団地の再生事例─

日本総合住生活株式会社
戸 村 達 彦

1. はじめに

　稲毛海岸三丁目団地（以下，「稲三団地」という）は日本住宅公団により千葉市美浜区稲毛海岸地区に建設され，1968年4月から入居が開始された，27棟，768戸からなる分譲団地である。元々は海であった場所を埋め立ててつくられた，全体で約8万4,000㎡（約2万5,000坪）もの広大な敷地を持つ団地であるが，そのうち芝生等の緑地が約3万4,000㎡を占めており，「公園の団地」「芝生の美しい団地」と呼ばれている。四季折々いろいろな花が咲き，緑が豊かであるが，これは多くの居住者の長年の努力により維持されてきたものである。

　稲三団地は過去2度にわたる建替えの取組みと挫折を経験したが，現在はこれをむしろ糧として，「築80年を目指す」という再生方針を明確化することにより，住棟，屋外環境，共用施設の改修，空き家対策を始めとした住戸の活用，コミュニティの活性化等，広範な取組みを行っている。

145

《第 2 部》マンションの終活の実務

図1　稲毛海岸三丁目団地

　本章では，稲三団地における過去の建替えに向けた取組みを振り返った上で，現在の修繕と改修による長寿命化に向けた取組み，および住戸やコミュニティと管理組合の関わり方について報告する。

2. 建替えに向けた取組み

(1) 建替え検討開始のきっかけ

　当初，稲三団地に入居したのは 20 代後半から 30 代の若い世帯が圧倒的に多く，ここに自分たちの故郷をつくろうという意気が盛んであった。稲三団地では入居当初から毎年 7 月最後の土日に夏祭りが行われてきたが，満 50 年を迎えた 2018 年には，夏祭りに合わせて 50 周年式典も開催された。
　稲三団地で建替えの検討が開始されたきっかけも，1980 年代後半に開催されたお祭りのときであった。当時の建物の寿命の考え方について，

図2　広々とした住棟の前庭

　コンクリート製の建物の法定耐用年数の47年程度という考え方もあったが，一般的に住宅は30年サイクルで更新するもの，という漠然とした共通認識があった。30年とすると，建替えの検討を始めた1989年時点ですでに20年。残りは10年しかないと考えた。

　当時，稲三団地ではすでに水道から赤水が出るなど，いくつかの不具合が出ていた。居住者がお祭りで一堂に集まり，そのような話をする中で，それらを解決するためにもそろそろ建替えを考えなければいけないという雰囲気になっていった。

(2) 建替え検討の第1ステージ

　折しも当時は後にバブルと呼ばれる好景気に沸いており，住宅需要が旺盛であった。また，2002年に区分所有法が改正される前だったので，多数決による建替えを実施する場合，「費用の過分性の要件」があった。そのため，建替え検討の第1ステージでは，768戸の全員賛成による任意建替えを目指し，1989年に「建替え問題検討委員会」を発足し検討を進めた。ゼネコンにより建替え案が作成されたが，そこでは従前の住

《第2部》マンションの終活の実務

建替えに向けた取組み　第一期	
1989	建替え問題検討委員会発足
1995.8	臨時総会「建替え事業基本計画」96％で承認
1995.12	デベからバブル崩壊により販売不可「2年間中断申入れ」　→拒否

建替えに向けた取組み　第二期	
1996	管理組合で建替え検討・コンサルタント委託
2000.5	建替え決議の区分所有者集会　→決議不成立

再生方針の検討	
2009.1	団地再生の為のアンケート実施
2009.5	長期修繕計画を提示し修繕費積立金値上げ決定 (平均4千円/月,50％値上)

長寿命化に向けた取組み	
2014-2015	公園の整備…7か所を魅力あるものに再生 (子ども会参画)
2016	空き家対策事業への取組み (JS、地元NPOと連携)
2016.2-12	第3回大規模修繕工事と設備更新を一括して実施

図3　再生の取組みの経緯 (出典：管理組合提供資料より筆者作成)

戸面積の1.5倍を無償で提供すると謳われていた。

　その後，デベロッパーが作成した最終的な建替え案では，2,000戸の高層マンションを建設，現在の区分所有者の住戸面積は48㎡の住戸については66㎡に，58㎡の住戸については80㎡にと，当初のゼネコン案の1.5倍から1.2倍に減少してはいたものの，いずれにしてもその面積を無償で建替えができるといわれていた。1995年8月に臨時総会が招集され，提示された「建替え事業基本計画」に対して96％の賛成を得ることができた。

　しかしこのとき，すでにバブルははじけていた。建替え案を作成したデベロッパーは2,000戸もの住戸はとても売り切れないということで，提案からわずか4か月後に自ら白旗を上げ，2年間の事業の中断を申し入れてきた。これを受け，管理組合はデベロッパーには実施する意思がないのだろうと判断し，この申入れを断った。

(3) 建替え検討の第2ステージ

ゼネコンおよびデベロッパー主導による建替えは頓挫したものの，稲三団地では管理組合主導による建替えの検討は継続された。検討の方針としては，区分所有法62条による，多数決による建替えを目指した。

コンサルタントに委託し作成された建替え案は，敷地の3分の2を売却し，14階建ての高層棟を建設。また，団地内には仮居住用の住戸を200戸建設し，既存と同等の床面積を確保するためには平均250万円の自己負担が必要，という案であった。

当時は2002年の区分所有法において定められることとなる70条の「一括建替え決議」が存在しなかったため，各棟および団地全体の区分所有者数および議決権の5分の4以上の賛成が必要であった。

建替え決議は2000年5月に行われ，団地全体では768戸中626戸が賛成（81.5%）と要件を上回ったが，棟ごとではこれを下回る棟が8棟あったため，決議は不成立となった。

3. 長寿命化に向けた取組み

(1) 再生方針決定に向けたアンケート調査

二度の建替え検討が不成立に終わった後も，「建替え問題検討委員会」の活動は継続していたが，再度建替えに挑戦するのか，建替えは断念し，長寿命化に舵を切るのか，今後の方針を明確に定める必要があった。入居開始から41年，建替え検討開始からは20年の時が経過した2009年11月，稲三団地では「再生検討委員会」を発足させ，そこで改めて検

《第 2 部》マンションの終活の実務

討することとした。委員会は長寿命化に向けた修繕案および建替え案を作成し，両者を区分所有者に示した上でアンケートを実施し，判断することとした。

　修繕案の作成では設計事務所に委託し，築 70 年を目標とした今後 30 年間安全に住み続けることを目指した新しい長期修繕計画案を作成した。ただし，この案では修繕積立金を平均 1.5 倍，戸当たり月額 4,000 円値上げする必要があった。建替え案の作成ではコンサルタントに委託し，現状の敷地の容積率（200％）や法規制，マンション需要を前提とした計画案を作成した。その結果，導かれた還元率は 60.2％と，以前よりもはるかに厳しい条件となっていた。

　これらの条件を示した上でアンケートを実施した結果，全体では建替えが 57.2％，修繕が 42.8％と，建替えが修繕を上回った。割合でいえば建替え希望が優勢となるが，建替え決議の要件は 5 分の 4 以上，さらに二度の建替え挫折という苦い経験もある。この結果をどのように判断すべきか。

　委員会では，この結果を団地内に居住している区分所有者（内部所有者）と団地外に居住している区分所有者に分けて分析を行った。その結果，内部所有者については建替えが 46.5％，修繕が 51.6％，外部所有者については建替えが 78.4％，修繕が 18.6％と，外部居住者に依然として建替え希望者の割合が高いことがわかった。一方で，同アンケートでは内部居住者の定住意向についての設問があったが，今後も一定期間以上住み続けたいという希望が 73％を占めていた。

　これらのことから，理事会としては定住を希望する内部居住者の意見を尊重すべきと考え，団地としての再生の方針を長寿命化とすることとした。

(2) 修繕積立金の値上げ

　稲三団地の住戸タイプは5タイプあり，修繕積立金は専有面積を基準として1㎡当たり月額200円としている。新たな長期修繕計画を実施するためには1戸当たり月額4,000円の値上げが必要であり，これまでより50％アップの急激な値上げとなると当然反対が出てくると管理組合は考えた。

　一方，一般管理費については専有面積にかかわらず一律5,000円としていたが，こちらに関しては剰余金があった。ただし，規約で管理費は修繕積立金に繰り入れてはならないとしていた。管理組合ではこれを活用したいと考えたが，規約の改正は4分の3以上の合意が必要であり，ハードルが高い。そこで，管理組合は一計を案じ，一般会計の管理費を3年間2,000円値下げして3,000円にすることにした。そうすると，修繕積立金4,000円の値上げと相殺することにより，世帯からすると当面は2,000円の値上げに留めることができる。値上げを穏やかにすることができるこの方式を採用することとし，2009年の通常総会では新長期修繕計画と修繕積立金の値上げ案を通すことができた。

(3) 長期修繕計画の見直しと借入れ

　2009年に新長期修繕計画の策定と修繕積立金の値上げを行ったが，2011年に発生した東日本大震災では建物自体には被害はなかったものの，液状化現象による地盤の沈下により，給水本管，屋外排水本管に被害を受けた。また，棟によっては階段室の入り口に段差が生じ，これの解消のために新たな階段を追加しなければならなくなったことなどもあり，管理組合では長期修繕計画をもう一度見直すこととした。

　2013年8月に「長期修繕計画見直し検討委員会」を立ち上げ，翌

《第2部》マンションの終活の実務

2014年8月に設計事務所に長期修繕計画の作成業務を委託した。長期修繕計画の目標は築70年から築80年にさらに延長し，安全かつ快適な住環境を実現することとした。

　計画の作成にあたり，直近2016年に予定している大規模修繕工事に合わせて窓サッシ，玄関扉を交換することを検討したが，その場合，6億円程度の借入れをする必要があることが判明した。検討の末，団地の長寿命化のためには，これまでと同様に美観を整えるだけでは不足であり，快適な環境に向上させる必要があると判断し，住宅金融支援機構から融資を受けることにした。

　稲三団地では修繕積立金の滞納はほぼないため，管理組合としては借入れおよび返済には何ら問題がないと考えていたが，一般の区分所有者の中には借入れを懸念する人もいた。

　そのため管理組合では，借入れにあたって今後返済を完了する8年後まで長期修繕計画で実施するとした工事は実施した上で，修繕積立金は一切値上げをしない，一時金も徴収しないということを明記することとした。また，修繕積立金の残高がゼロになってしまうことも不意の修繕が発生する可能性を考えると不安であるため，手元資金として1億円の余剰を持って借入れを行った。

　2015年の総会では，そのような説明を行った上で決議を行い，議決権の76.4％の賛成を得て可決することができた。同年6月には「計画工事企画委員会」を立ち上げ，工事仕様の確定，工事委託業者の選定を行った。工事規模は11億1,500万円。翌年2016年1月に臨時総会で決議し可決した。住宅金融支援機構からの6億円の借入れは8年返済，金利0.77％。すまいる債を購入していたため金利を0.2％下げることができた。

方針の明確化によるマンション再生の取組み
―稲毛海岸三丁目団地の再生事例―

図4　大規模修繕工事で改修された住棟

(4) 第三回大規模修繕工事

　第三回大規模修繕工事では，外壁やベランダの塗装工事と合わせて，窓サッシを高性能複層 Low-e ガラスへ交換し，玄関扉は対震枠を備え，A4書類の入るポストの付いたものにするなど，開口部はすべて交換した。

　しかし当初，工事に関するアンケートを行ったときは，相当数反対があった。反対者について分析すると，高齢者や，若い人でも住戸内外に物が多い人であることがわかった。工事の際に職人が窓サッシの交換をするときなどはベランダだけではなく，専有部分に入らなければならないが，これらの人たちは，このことに非常に抵抗感を持っていた。特に高齢者の方で一人暮らしの方は，物をどけなくてはいけないため大変である。窓サッシの交換では，工事にあたり，作業域として大体窓から1.0メートルの範囲に物を置いてはいけないとしたことから，自身でこれを行うことは難しいと考えていたようであった。

　この問題を解決するには，そのような居住者を支援しなければいけない。そこで，そのための支援隊を管理組合で組織し，支援を要請する方

153

《第2部》マンションの終活の実務

からはお金を取らず，管理組合で負担することとした。

　団地の中で支援隊のメンバーを募集し，隊員は22名（うち女性5名）が集まった。2016年2月に「工事実行委員会」を立ち上げたが，支援隊への要請は74件に上り，延べ264人の隊員が片づけなどの支援活動を行った。

　このような工夫をすることにより，最終的に反対者は5名にまで減らすことができた。住戸への立入りが必要な工事については90％程度実施できれば良いと考えていたが，最終的に100％，全768戸実施することができた。

　このような工夫により無事に工事を終えることができたが，居住者からは，「光熱費が30％くらい削減された」，「夜も始めにクーラーをつければ，そのあとは切っても涼しい」，「台風の音など外部からの音がしなくなった」，「隙間風がなくなった」などの声があり，非常に喜ばれた。

⑸　屋外環境の改修について

　稲三団地では，遊具の劣化診断で多くの指摘を受けたことをきっかけに，2012年より「公園等環境問題対策委員会」を立ち上げ，活動を開始した。2013年にはアンケートを全戸で実施し，公園をはじめ団地の環境で危険や不安，不便を感じるところや，希望，考えについて調査を行った。これを基に，「自然が豊かで安心・安全な暮らしができる。子育て環境の良さが自慢の団地」という整備のコンセプトをまとめた。コンセプトを基に，集会所前の公園に砂場，低鉄棒，幼児用ブランコ，ベンチの新設などを行い，これまで適切な遊び場の少なかった乳幼児から家族連れ，高齢者の方まで幅広い年齢層の方が安心して憩える場所とした。

　一方で，将来にわたり団地をどのような環境にしていくのが良いのか，

方針の明確化によるマンション再生の取組み
—稲毛海岸三丁目団地の再生事例—

図5　改修が行われた公園(1)

図6　改修が行われた公園(2)

図7　団地の子ども参加によるすべり台のペンキ塗り

《第2部》マンションの終活の実務

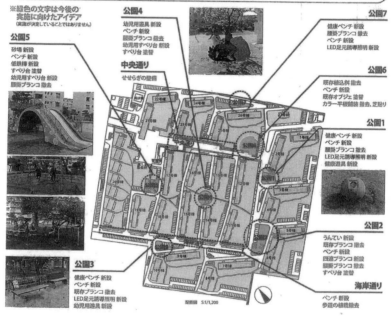

図8　公園等環境整備のマスタープラン案
（出典：稲毛海岸三丁目団地管理組合「管理組合ニュース」253号）

団地の自治会の各委員会で検討をしてもらった上で意見を集約した。また，他の団地の事例の見学や意見交換を行い，「公園等環境整備のマスタープラン案」を作成した。マスタープラン案は，こんな環境を実現したいというコンセプトに基づき，こんな可能性もあるというアイデアを示したものであり，これまでの整備内容と今後のアイデアが表現されて

いる。

2014年には，マスタープラン案と希望調査の結果を基に5つの公園で整備を行い，劣化して危険なものの改善や撤去，照明，ベンチ，遊具の新設などを行った。公園の整備にあたってはコミュニティ活動の拠点にすることを目標に掲げていたが，すべり台の塗装では工事費用を安くすることも考え併せ，デザイン案の募集と投票による選考を実施。塗装にあたっては型紙を作成し，子どもたちを総動員してペンキ塗りを実施した。

4. 住戸と管理組合

(1) 相続放棄について

住戸の管理は各区分所有者が行うことが基本ではあるが，所有者の高齢化が進み，相続や流通が円滑に行われないケースが多発すると，全体の管理や管理費・修繕積立金の徴収に支障を来たすため，管理組合としても対処せざるを得なくなる。高齢の所有者が所有していた住戸を子どもが相続する場合はよいが，今後相続しないで放棄するケースが増加する。相続人は，住戸価格が低下すると，相続のための煩わしい手続きをしたくないという人が出てくる。相続放棄が発生した場合，管理組合が裁判所に行って相続代理人を決めてもらい，その物件を競売にするか，売却するかして，その代金から管理費を回収する，もしくは購入した人に支払ってもらう必要があるが，このような手続きも管理組合がせざるを得なくなる。

これまで稲三団地でも相続放棄が数件発生しており，これらは管理組

《第2部》マンションの終活の実務

合で手続きを行っている。稲三団地では現在，管理組合で不動産に関する手続きや金融機関からの融資の円滑化を図るため，法人化を目指した取組みを行っている。

(2)　空き家対策について

　稲三団地の住戸768戸のうち，269戸が外部組合員であり，そのうち賃貸が209戸である。その差60戸が空き家である。高経年化により空き家が多くなってきており，管理組合としてもいろいろな対策を行っているが，空き家は常時1割弱，50〜60戸くらい存在している。空き家対策の必要性から，千葉海浜ニュータウン地区の建設から30〜50年くらい経過した団地12の管理組合間で近隣情報交換会を行っており，共通問題として討議されている。

　団地をスラム化させないため，管理組合では若い人を入れなければいけないと考えている。団地は敷地が非常に広く，子育てには最高の環境であるが，団地で育った子どもも社会人になると出ていく人が多くなる。一方，これまで団地に住んだことのない若い人は団地の魅力についてよく知らない。なんとかして若い人を呼び戻す必要があるため，管理組合はまずは団地の良さをここに来て見て知ってもらう必要があると考えた。

　稲三団地では，団地の管理業務の一部を日本総合住生活株式会社（以下，「JS」という）に委託しているが，JSが空き家対策事業を行うにあたり，管理組合と，地域で団地再生の活動を行う「NPO法人ちば地域再生リサーチ」と連携して実施することとなった。

　空き家対策事業では，管理組合から空き家のオーナーの方に話をして，売却の意向について確認を行った。売却の見込みがありそうな場合，JSが所有者と交渉を行い，売却を希望する場合は買上げを行った。買い上げた住戸について，若い人向けの入居者によるDIY可能な賃貸住宅と

158

方針の明確化によるマンション再生の取組み
―稲毛海岸三丁目団地の再生事例―

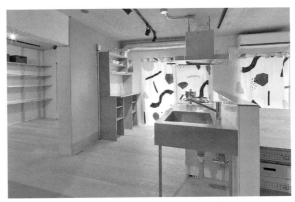

図9　DIY対応リノベーション賃貸住宅

図10　リノベーション賃貸住宅「和」

してリノベーション,あるいは新たな魅力付けを行った賃貸住宅としてのリノベーションを2017年度に5住戸実施した。

　リノベーション後オープンハウスを行い公開すると,現在団地に住んでいる方もその変化の大きさに驚かれ,長年リフォームをしていなかった人も,リフォームしたいという人が増えてきている。稲三団地では,リフォームについてわかりやすく説明するためにリフォームマニュアル

《第2部》マンションの終活の実務

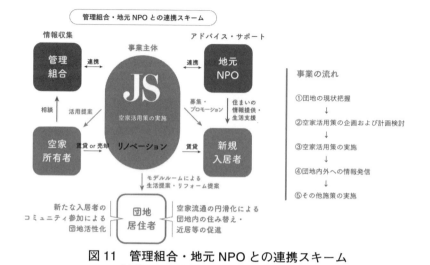

図11　管理組合・地元NPOとの連携スキーム
（出典：日本総合住生活株式会社広報資料）

やDVDをつくっており，リフォーム申請があったときにリフォーム業者にみてもらい，やり方を理解してもらっている。

　また，2018年度からは団地再生に力を入れているリコーリース株式会社による空き家のリノベーション賃貸事業も開始されるなど，稲三団地では外部の力も借りながら団地の再生を推進している。

5. コミュニティと管理組合

(1) コミュニティ活動について

　稲三団地では，入居当初からいろいろな活動を行う団体がつくられたが，現在でもコミュニティ活動が盛んである。コミュニティ活動は基本的には自治会活動に属し，ボランティアのものもあるが，管理組合とし

ても建替えや工事など，大きなことをするときなども合意形成の一環として
してコミュニティ活動があるとうまくいくと考えており，各団体にはお
茶代程度を助成金として出すことにより，取組みの継続性を支援してい
る。

(2) 「稲三サポートの会」による住戸管理

「稲三サポートの会」は自治会の下部組織ではあるが管理組合として
支援している。この会は大規模修繕工事の時に生まれた「工事支援隊」
が発展して組織化されたもので，事務所は管理室を電話代も含め無償で
提供している。

第三回大規模修繕工事では玄関扉の交換をしたが，これをきっかけと
して管理組合では高齢居住者支援の一環としてカギの預かりを始めた。

また，空き家についてもカギを預かることにした。所有している住戸
を空き家としている場合，管理規約では3か月に一度は点検し，報告す
ることとしているが，実際にやっている人は少ない。空き家になってい
る住戸が漏水事故を起こすと，発見に時間がかかり，事故も拡大する。

このような状況を改善するため，高齢者のサポートを行っている「稲
三サポートの会」が空き家の点検も行うこととした。会は2018年2月
に立ち上げたが，4月に千葉市に支援団体として認定された。空き家の
点検を一回1,500円で実施しており，それにより得た収益はそのまま会
の活動費としている。

(3) 自主防災会について

稲三団地の防災組織について，これまでは自治会が行っていたが，管
理組合に移管して，管理組合と自治会が協働して，主管を管理組合とす
る「自主防災会」に改組した。

《第2部》マンションの終活の実務

稲三団地では年2回防災訓練を実施しており，朝早くから安否確認を行う。「無事ですカード」を玄関に張り，それを各階段の階段当番が確認し，情報を防災本部に連絡することにしている。

(4) 「植栽会」・「花壇の会」について

「植栽会」には2018年現在27名が在籍しており団地全体の植栽管理を行うと共に，「芝刈隊」を組織し活動している。芝刈りを業者に委託すると一回120〜130万円かかるが，管理組合では乗用芝刈り機を2台，手押し芝刈り機を5台保有しており，これを使用して年3回の芝刈りを行っている。

また，花壇が21か所あり，これを「花壇の会」の21名で管理している。これらの作業は一回3時間，毎週行っている。これには管理組合から500円の助成金を出している。

(5) 役員のなり手不足問題への対応

稲三団地での管理組合役員には理事長，副理事長，総務，経理，管理，建築，広報，園芸，駐車場などの理事がおり，任期は2年を1期とし，再任を妨げないとしているが，一担務6年を限度としている。2018年現在，理事15名，監事2名で，役員は全部で17名おり，年間で4人くらいが交代するという形にしている。

棟会議が年1回，毎年2月に行われ，所有者だけでなく，賃貸で住んでいる人も参加することとしており，そこで役員を1名以上推薦することとしている。推薦にあたり本人の同意は不要としている。これにより選出される棟推薦の27人以外に，理事会からも推薦を行う（重複はありうる）。管理組合では各棟に評議員を置いており，評議員が棟会議を招集するが，会議の運営にあたっては自治会の代議員にも協力してもら

162

っている。

　これら推薦人に立候補者を加えた中から，実際に候補者とする方を「役員候補者選出委員会」で選出する。立候補する人はほとんどいないが，立候補する人が必ずしも適任であるとは限らず，仮にそのような人が役員となり，不適切な議案が出され，それが簡単に総会で通ってしまうことは問題である。「役員候補者選出委員会」で選出された方については，選出委員が個別に役員を引き受けてくれるように依頼している。立候補に頼らないこのような工夫により，稲三団地では現在のところ役員のなり手不足とはなっていない。高齢の役員も少なくないが，30 〜 40 代の役員も多い。一つの担務について 2 人の役員を置いているが，管理組合では一人は若い人，一人は定年退職し，平日に役務を行うことができる高齢の方がなると良いと考えている。仕事が忙しい若い人も頭を使っていろいろなアイデアを理事会や委員会で出し，それを高齢の方が実行することができれば，バランス良く役割を分担することが可能となる。

6. おわりに

　稲三団地における二度の建替えの取組みはバブル経済の崩壊と改正前の区分所有法に基づく合意形成の問題により頓挫したが，これらの経験は管理組合をより逞しくし，戦略的な意思決定が行える機関に成長させた。建替えや長寿命化といった課題に取り組まざるを得なくなる高経年期のマンション管理組合は，単に現状維持を行うための管理だけではなく，積極的かつ合理的な意思決定を求められる場面に幾度となく遭遇することになる。その際，場当たり的な対応や，これまでのやり方を踏襲するだけの対応では，問題の先送りになるばかりでなく，地域内におけ

《第2部》マンションの終活の実務

る住宅地としての競争力の低下による住宅流通の停滞，ひいては空き家の増加，管理不全化につながる恐れすらある。

稲三団地では，長寿命化の再生の方針を団地内外に示すことにより，区分所有者の理解を得て大規模な投資を実現したことや，マスタープランの作成により団地全体で将来像を共有したこと，管理会社，NPO，金融機関をはじめとした外部支援者を呼び込むことに成功した。マンションとは単なる集合住宅の別称であるばかりでなく，小さな行政機関ともいうべき側面を持つ。稲三団地の取組みは今後増加する高経年期のマンション運営を考えるにあたり，一つの見本となるのではないだろうか。

＊本章は，稲毛海岸三丁目団地管理組合理事長の久保田博氏の協力により執筆した。謝してここに記します。

〈参考文献〉

稲毛海岸三丁目団地管理組合『管理組合ニュース』253号

日本総合住生活株式会社広報資料『JS×稲毛海岸三丁目団地理のペーションプロジェクト』

《第3部》

マンションの終活
を円滑に進めるために

東京・豊島区の
マンション管理推進条例について

国土交通省住宅局（前豊島区副区長）
宿 本 尚 吾

1. はじめに

　現在，東京都内にはマンションが約180万戸あり，東京都の総世帯数の約1/4を占めるに至っている。マンション居住者にとって，そのマンションを「終の棲家」とする意識が高まっており，また，東日本大震災を契機に，災害対応を始めとして，マンションと地域コミュニティとの連携は大きな課題として認識されるようになっている。

　老朽化したマンションの多くは，建物と居住者の「二つの老い」の進行に伴い，管理上の問題が増加しているという現実がある。しかしながら，管理組合の運営状況は外見から判断しづらく，そもそも問題があることが外見から明白な状況に至っては，もはや手遅れといわざるを得ない。さらに，管理状況の改善には，単なる役割分担，責任分担にとどまらず，費用負担が避けられず，区分所有者間の合意形成に相当の時間を要することになる。

　こうした状況を見ると，管理組合の自主的な取組みに委ねるのみでは，

《第3部》マンションの終活を円滑に進めるために

「二つの老い」に的確に対処するのは困難であり，このままでは，マンションの居住環境の悪化に加え，防災，防犯，衛生など地域の生活環境や市街地環境に悪影響を及ぼし，「まちの価値」が低下することが懸念される。

　東京都においては，こうしたマンションの管理不全の予防や改善，管理組合の機能強化のために，より踏み込んだ施策を講ずべく，2018年度より本格的な検討を始めている。本章では，こうした東京都の取組みに先行して，2012年に制定された「豊島区マンション管理推進条例」の概要を紹介するとともに，その背景となる「豊島区のまちづくり」についても併せて紹介することとしたい。

2. 豊島区の概要

　東京都豊島区は，一日の平均乗降客数264万人，新宿に次ぐ世界第二位の巨大ターミナル駅である池袋駅を擁し，区域面積13㎢に29万人が居住し，人口密度は2万2,000人/㎢，日本一の高密都市（最も人口密度が高い基礎自治体）である。

　豊島区が2014年5月，日本創生会議から，東京23区内では唯一の「消滅可能性都市」との指摘を受けたことは記憶に新しい。消滅可能性都市とは，2010年から2040年にかけて20〜39歳の若年女性人口が50%以上減少する自治体のことと定義されており，全国1,799市区町村のうち896市区町村が該当している。豊島区は29万人の人口に対し，毎年の流入・流出人口が3万人を超えるほど流動人口比率が高く，流入人口が定住に繋がらない状況が続いており，消滅可能性都市との指摘は，豊島区の将来人口の不安定さを如実に表したものと考えられる[注]。

168

豊島区においては，消滅可能性都市の指摘を受け，直ちに対策本部を設置し，消滅可能性都市の逆の概念である「持続発展都市」に向けた総合的な施策展開を進めてきた。

その施策の紹介は別の機会に譲ることとするが，「ピンチをチャンスに変える」との区長の強いリーダーシップのもと，精力的な施策展開を行った結果，現在までに以下のような成果が得られている。豊島区に対する評価は徐々にではあるが，ポジティブな方向に確実に変化していると考えている。

○平成 29 年 4 月，平成 30 年 4 月と 2 年連続で待機児童ゼロを達成。
○平成 29 年 12 月，日経 BP 社が実施した「共働き子育てしやすい街ランキング」の全国総合第 1 位を獲得。
○消滅可能性都市の指摘を受けた平成 26 年から平成 30 年までの間に，人口は 1 万 5,000 人増加。平成 26 年に 262 億円あった区民税収入は平成 30 年に 285 億円に増加。
○スポーツ・文化の祭典である東京オリンピック・パラリンピック開催の前年（2019 年）には，東アジア文化都市（文化庁が行う文化交流の国家プロジェクト）の開催都市となり，2020 年の大会期間中には東京都が実施するライブサイト（8 か所の候補地）のうちの一つに池袋西口公園（東京芸術劇場前）が選定される。
○また，近年，映画，アニメ，コスプレなどに関する国際的なイベントが池袋で開催されるほか，クラシック音楽の祭典であるラ・フォル・ジュルネが平成 30 年より池袋でも開催（有楽町と同時開催）。

こうした中，池袋駅周辺では，2015 年の新庁舎移転を契機に，旧庁舎跡地開発（ハレザ池袋）が進み，また，南池袋公園，中池袋公園，池袋駅西口公園，造幣局跡地防災公園の 4 つの公園を整備，再生することで，「公園からのまちづくり」，「公園からの都市再生」が進められているところである。

特に，南池袋公園のリニューアルは，池袋のみならず，都心において

《第3部》マンションの終活を円滑に進めるために

　　南池袋公園　（後方の高層マンションは区役所新庁舎との合築建物）

　これまで体験したことのない，新しい公共空間が提供され，若いファミリーを中心に区民の憩いの場として再生され，子育てしやすいまち，女性や子供にやさしいまちとして豊島区のイメージを大きく変えたことは特筆すべきである。

　また，2015年に池袋駅周辺地区が特定都市再生緊急整備地域に指定されたことを契機に，民間デベロッパーの事業意欲が高まってきており，現在，市街地再開発事業の都市計画決定・事業中が3地区，準備組合が設立され都市計画に向けた調整が進められているものが3地区あるなど，民間事業者による都市再生に向けた動きも活発化している。

　こうした豊島区の活発なまちづくりの動きは，池袋駅周辺のみならず，さらに大塚駅周辺（南口駅前広場・自転車駐輪場の整備，北口駅前広場の整備，星野リゾート（OMO5）の進出など），巣鴨駅周辺（巣鴨地蔵通りの無電柱化など），椎名町駅周辺（トキワ荘の復元，周辺商店街の再生など）などにも波及し，豊島区全域において，東京オリンピックが開催される2020年に向けたまちづくりの動きが活発化している状況である。

3. 豊島区マンション管理推進条例制定の背景

　豊島区における分譲マンションの供給は，昭和30年代後半から始まり，昭和50年代には年間1,000戸前後の供給となるなど，現在に至るまで多くのマンションが建設されてきた。その結果，現在（2017年10月末時点）の豊島区内の分譲マンションの総ストック数は，1,164件，52,873戸となっている。

　豊島区内にはJR山手線の5駅が存するほか，西武鉄道，東武鉄道，東京メトロなど，多くの鉄道がネットワークを形成しており，都心部ならではの交通利便性の高い立地であることから，マンションが一般的な居住形態となっている。特に，新たに豊島区に引っ越してくる，いわゆる流入世帯については，そのほとんどがマンション居住になっているものと思われる。

　ちなみに，市街地再開発事業により整備された豊島区新庁舎は，全国初の試みである庁舎とマンションとの合築（1, 2階：クリニック，店舗等，3〜10階：区役所，11階〜：マンション）であり，今も見学者が絶えない。

　豊島区では，マンションの良好な維持管理を行うための合意形成の円滑化と居住者間および地域のコミュニティの形成の推進により，安心，安全で快適な住環境と生活環境の形成に資することを目的に，2012年12月，全国初となるいくつかの内容を盛り込んだ「マンション管理推進条例」を制定し，翌年7月より施行している。

　この条例では，豊島区において分譲マンションが一般的な居住形態であることを前提に，分譲マンションについて，防火用貯水槽や防災用備蓄倉庫の設置，地域住民で利用可能な災害対策施設の設置を求めるほか，地域コミュニティの形成，商店街の振興など地域との関係の形成につい

171

《第3部》マンションの終活を円滑に進めるために

ても求めている。いわば，マンションが地域に対して開いた住まいとなることを推進しているものである。

条例制定の背景となった2008年の住宅土地統計調査において，マンションに居住する世帯の割合は64.2％となっていた。マンションの適切な維持管理が重要課題である一方で，私有財産の集合体であるマンションでは，年齢や価値観，所得水準が異なる区分所有者間において合意形成が難しいことや，管理責任の所在が不明確となりがちであることなど，戸建住宅や賃貸マンションとは異なる特有の課題を抱えていた。

こうした中，豊島区では，2010年に分譲マンションの実態調査を行い，以下の課題を認識するに至った。

```
○管理組合役員のなり手不足
○マンション管理に関する情報の不足
○マンション管理への関心の低さ
○求められる大規模修繕工事への支援
○実施率の低い防災への取組み
○進まない耐震化・建替えの検討
○マンション居住者間・地域とのつながりが希薄
○管理組合との接点がつかめないマンションの存在
```

特に，老朽化しているマンションでは，竣工時に管理規約や長期修繕計画が作成されておらず，そのまま現在に至っているケースも見られるなど，このまま適切な管理が行われない状況が続いた場合，地域に悪影響を及ぼすことが懸念される状況であった。

これらの課題は現在もなおすべてが解決しているとは言い難いが，当時の豊島区では，こうした課題に対応し，適正な管理への支援・誘導を図るため，何らかの施策を講ずる必要があると考えた。そして，既存のマンションに対して条例やガイドラインを作成することで，維持管理に

172

必要な事項をわかりやすく示し，良好なマンション管理への合意形成を推進することが必要という結論に達し，条例を制定することとなったものである。

4. 豊島区マンション管理推進条例の概要と義務規定の意義

(1) 条例の概要

　豊島区マンション管理推進条例は，分譲マンションを対象として，管理に関して罰則を伴う義務を定めているところが特徴的と考えられる。

　以下，主なものを紹介する。

❶町会（自治会）との関係

　地域の課題を解決するために町会が果たす役割は依然大きく，町会活動の活性化は区政の最重要課題の一つである。身近なところではゴミ捨てに始まり，防火・防犯など地域のトラブルを解決するには，町会を中心に地域の方々が協力していく必要がある。ところが，豊島区ではワンルームマンションや小規模（少戸数）のマンションが多く，ともすれば地域と疎遠なマンションが増加することが懸念され，地域との協力関係を築くためには，何らかの工夫が必要と考えられていた。

　このため，町会加入を強制するような過剰な措置を講ずることはできないものの，条例において，町会加入についての協議を義務化している《26条》。

❷名簿の作成

　管理組合において，区分所有者の名簿を備えていることは一般的であるが，災害時などの安否確認では，所有者名簿ではなく居住者名簿が必

《第3部》マンションの終活を円滑に進めるために

【条例の規定項目】（義…義務，努…努力義務）

> 【マンションの適正管理】
> 義 管理規約等の作成および保管・閲覧
> 義 総会・理事会議事録の作成および保管・閲覧
> 義 名簿等の作成および保管
> 義 設計図書，修繕履歴等管理に関する図書の適正保管
> 義 連絡先の明確化（管理組合ポスト，緊急連絡先表示板の設置）
> 努 管理用の施設や設備および管理員等管理体制の維持
> 義 法定点検および設備点検・清掃の適切な実施
> 義 長期修繕計画の作成
> 努 適時・適切な修繕の実施
> 努 旧耐震基準のマンションの耐震化
> 【防災・防犯】
> 努 防災への対応（手引きの作成，防災用品の備蓄，災害時要援護者の把握）
> 努 防犯への対応
> 努 暴力団排除の取組み
> 【居住者間・地域とのコミュニティ形成】
> 努 居住者間のコミュニティ形成および活性化
> 努 地域とのコミュニティ形成
> 義 町会加入等に関する協議

要となると考えられる。このため，条例において，区分所有者名簿だけでなく，実際の居住者の名簿を作成することを義務化している《14条》。

❸適切な維持管理

　条例において，マンション管理者の選任を義務化している《5条の2》。区分所有法においては「管理者等を選任できる」といった規定であるが，豊島区では義務として責任者を必ず決めることとしている。

　また，管理規約の作成，保管，閲覧《12条》，総会議事録の作成《13条》，設計図書，修繕履歴の保管《15条》，設備の法定点検と清掃の実施《18条》，長期修繕計画の作成《19条》についても，条例で義務化している。

❹区への報告

　条例において，区への報告（管理状況の届出）《11条》，区の調査への報告《6条》を義務化し，条例における施策の担保手段として，区長の指導《27条》，区長の勧告，従わない場合の名前の公表《28条》を定めている。ちなみに，区への報告（マンション管理状況の届出状況）は，管理組合ベースで概ね2/3（67.3%）に及んでいる。

(2)　条例における義務規定の意義

　この条例の趣旨は，管理不全を起こさないよう予防するというものであり，義務化している内容も，適切に管理がなされる通常のマンションでは当たり前の内容となっている。

　また，条例における施策の担保手段としての，区長の指導，勧告，名前の公表についても，現実論として，管理不全の状況が進めば外見から判断できることもあるし，管理不全が進んだ状況で名前の公表を行うとしても，その抑止効果は限定的と思われる。

　その上で，条例で義務化を盛り込んだのは，

① 　マンションが老朽化し放置されると，所有者だけの問題ではなく，地域に大きな影響を与えるため，義務化して管理適正化を促す必要があること

② 　管理不全になりかかっているマンションでは，管理の適正化に向け，修繕積立金を含めた合意形成を図ることが何よりも重要であり，そのためには，現実的には「条例で決まっている」ということが合意形成を進める上で最も効果的であること

③ 　義務化とともに，専門家派遣や助成措置などの支援策を講ずることで，さらに効果を高めることが期待できること

といったことによる。

《第3部》マンションの終活を円滑に進めるために

5. 終わりに──マンションの終活に向けて

　これまで述べたように，豊島区マンション管理推進条例は，適切に管理されているマンションでは当たり前のことを「義務」として定め，管理不全に陥りつつあるマンションの管理適正化に向けた管理組合の合意形成を後押しすることを目的にしている。

　既述したように，マンションは今や「居住者の終の棲家」として一般化してきた結果として，建築物としての機能の限界，躯体の老朽化に伴いその「終焉」，すなわち除却，建替えを考えざるを得ない時代となっている。

　老朽化した空き家が地域に負の影響を与え，まちの価値を下げることと同様に，いやそれ以上に，管理不全のマンションが地域コミュニティに与える負の影響が大きいことが懸念される。行政の立場としては，いずれ「マンションの終焉」が行政課題となることは時間の問題であるが，当面は管理不全マンションの解消にターゲットを置かざるを得ない。

　いわゆる「不都合な真実」に目を背けてはいけないが，一方で，適切な解が見出せない上に，個人資産の集合体であり，行政がどこまで踏み込むべきかについて様々な議論がある，マンションの終活問題に時間を費やすより，当面の課題対応を優先する状況も理解されるところである。

　そうした状況下で，豊島区マンション管理推進条例を考える場合，マンションの終活問題にも若干の意義，効果を見出すこともできるのではないかと考えている。

　すなわち，豊島区マンション管理推進条例は，マンションの終活を意識したものではないが，居住者（管理組合）によって管理が適切に行われ，町会を始めとした地域コミュニティの一角を担うことが出来れば，その

176

終焉にも少なからずプラスの効果をもたらすことが期待される。適切な管理がなされているマンションであれば，良好なコミュニティが形成されており，建替え等に向けた合意形成のスタートラインに立つことも比較的容易になるであろう。また，地域やまちに対する思いがそれなりに醸成されているのであれば，スタートラインからさらに一歩踏み出せる可能性，蓋然性が高いと思われる。そこに，この条例の大きな意義を見出すことが出来るのではないか。

　豊島区では，2018年3月，町会活動を活性化させて支え合いを大切にする地域コミュニティの実現を目的として，「町会活性化条例」を制定した。町会，地域コミュニティが豊かに繋がることは，居住者にとって，よい「人生の終焉」を迎えることにもなるであろうし，よい「マンションの終焉」にとっても，むしろ近道となるのではないだろうか。

　なお，蛇足となるが，豊島区マンション管理推進条例は，ワンルームマンションだけを対象としているわけではないが，ワンルームマンション問題を強く意識していることは事実である。そうした意味では，2004年より実施している「狭小住戸集合住宅税」とともに，豊島区のまちづくり（まちづくりのあり方）を意識した条例といえる。

　狭小住戸集合住宅税は，ワンルームマンションに代表されるような狭小な住戸の供給過多に悩んだ豊島区が，住宅政策によってファミリー向け住宅の供給を誘導する一方で，増え続けるワンルームマンションの供給を税制の活用によって抑制するものであり，これも豊島区におけるマンションに関する行政課題の解決に向けた代表的な施策のひとつである。

　このように，行政課題を複合的に，また，将来のまちづくりを意識しながら考える，豊島区のこうした先駆的な取組み姿勢が，現在にも引き継がれ，消滅可能性都市からの大逆転ともいえる，現在の豊島区のまちづくりに繋がっているものと考えている。

177

《第3部》マンションの終活を円滑に進めるために

（注）　消滅可能性都市について──「地域消滅時代」を見据えた今後の国土交通
　　　戦略のあり方について（平成26年11月5日（水）野村総合研究所顧問　東
　　　京大学公共政策大学院客員教授・増田　寛也，国土交通政策研究所「政策課題
　　　勉強会」）

　　　http://www.mlit.go.jp/pri/kouenkai/syousai/pdf/b-141105_2.pdf#search=%2
　　　7%E6%B6%88%E6%BB%85%E5%8F%AF%E8%83%BD%E6%80%A7%E9%83
　　　%BD%E5%B8%82%27

自治体の役割と条例のあり方

上智大学 法科大学院 教授
北 村 喜 宣

1. 生活環境保全にあたっての国と自治体の役割分担

(1) 老朽危険空き家対策

建築物の管理のあり方は，地域の生活環境に対して，大きな影響を与える。管理の責任については，建築基準法が「建築物の所有者，管理者又は占有者は，その建築物の敷地，構造及び建築設備を常時適法な状態に維持するように努めなければならない。」(8条1項)と規定するように，もとより所有者等にある。ところが，この責務が果たされない結果，地域の生活環境に外部性がもたらされることがある。

2010年代初頭から，この問題は，戸建ての老朽空き家に関して社会化した。老朽化した空き家が隣地に崩落するだけであれば，たんなる近隣紛争であり公的介入には及ばないという整理も可能であったかもしれない。しかし，市区町村（以下，「市町村」という）のなかには，そのようには整理せず，不特定多数の通行人の安全確保や地域の生活環境に与

《第３部》マンションの終活を円滑に進めるために

える影響を市町村全体の問題と受け止めて，条例による対応をするところが現れるようになった。

　たしかに，こうした事務は，地方自治法１条の２第１項が自治体の役割として規定する「地域における行政」であろう。そしてそれは，都道府県の役割というよりも，より住民に身近な事務を担当する市町村の役割に含まれると考えられる。

　たとえば，2011 年に制定された「大仙市空き家等の適正管理に関する条例」は「市民の安全で安心な暮らしの実現」を，2013 年に制定された「八郎潟町空き家等の適正管理に関する条例」は「町民の安全で安心な生活の確保と生活環境の保全」を目的規定に含んでいる。住民に対する責任を強く受け止めたためである。

⑵　国の役割としての老朽危険空き家対策

　そうしたところ，2014 年に，議員提案によって「空家等対策の推進に関する特別措置法」（以下，「空家法」という）が制定された。自治体との関係における国の役割は，地方自治法１条の２第２項が規定するように，「全国的に統一して定めることが望ましい国民の諸活動若しくは地方自治に関する基本的な準則に関する事務又は全国的な規模で若しくは全国的な視点に立つて行わなければならない施策及び事業の実施その他の国が本来果たすべき役割を重点的に担〔う〕」ことである。

　戸建ての老朽危険空き家への法的対応に関して，全国統一的な仕組みが必要なのかどうかは疑問であるが，制定された空家法をあえて位置づけるならば，この問題は，法律による対応が必要な国家的課題ということになる。

　空家法は，先行して制定されていた空き家条例に多くを学び，基本的にその規制システムを承継している。特定空家等の所有者等に対して，

180

適正管理を指導，勧告，命令し，最終的には通常代執行によって保安上の危険等を除去するのである。命令をすべき所有者等を行政が過失なく確知できない場合に実施できる略式代執行も規定された。両代執行による除却等の数は，2015 年 5 月の空家法施行後，2019 年 1 月現在で 100件を超えている。

なお，同法には，「条例」という文言はない。これは，空家法が規定した内容が必要かつ十分という趣旨であろうか。おそらくは，そのように解すべきではない。老朽危険空き家対策という地域色の強い事務に関して，空家法は「とりあえずの内容」を定めたにすぎず，市町村は，地域特性に応じた措置を，条例を制定して実施できると解すべきである。

現に，空家法以前から制定されている条例を同法成立後に一部・全部改正する市町村，新規に空き家条例を制定する市町村が相次いでいるのは，こうした整理を前提にするものであろう。

2. マンションの適正管理に関する行政介入

(1) 多数者の共有にかかる不動産

老朽危険空き家は，地域においても目立つ存在であり，それゆえに，地域住民から行政に対応が求められた。「マンションの管理の適正化の推進に関する法律」（以下，「マンション管理適正化法」という）2 条 1 項1 号が規定する分譲マンション（以下，「マンション」という）も同じく建築物であるが，不適正管理の影響が目立つかということになると，空き家ほどではない。しかし，マンションは，空き家以上の問題を抱える厄介な存在である。

181

《第３部》マンションの終活を円滑に進めるために

　一般に，マンションは，多くの区分所有者の共用部分を持つ鉄筋コンクリート構造の建築物であり，「建物の区分所有等に関する法律」（以下，「区分所有法」という）の適用を受ける。戸建て空き家の場合とは異なり，共有者の数は多い。区分所有法３条にもとづき，「管理を行うための団体」が区分所有者全員により当然に設立される。これがマンション管理適正化法２条３号にいう「管理組合」とされている。なお，この「団体」は，いわば「入れ物」であり，実際の設立による「充填」があってはじめて意味のある存在となる。

　マンション管理適正化法４条１項は，「管理組合は，マンション管理適正化指針の定めるところに留意して，マンションを適正に管理するよう努めなければならない。」と規定する。前出の建築基準法８条１項のマンション版である。マンションに着目した法律においては，所有者等に対する措置としては，これ以上に踏み込んだ内容は規定されていない。

　老朽危険空き家の場合は，その外部性に着目して，条例にもとづく行政介入がはじめられた。それでは，マンションについてはどうなのだろうか。

(2)　東京都調査

　東京都によれば，2016 年における都内マンションのストック数は約 177 万戸であり，総世帯数の約 25％となっている。１棟当たりの平均戸数は 34.7 である。全体の約 90％が 23 区内に立地している。

　東京都は，中央区，新宿区，品川区内のすべての分譲マンション 5,616 棟を対象に，管理状況の調査を実施した。21.5％の 1,209 棟から回答があった。①管理規約の有無，②総会開催の有無，③管理費設定の有無，④修繕積立金の有無，⑤築 25 年以上で大規模修繕工事実施の有無についての結果は，次表の通りであった。この５項目のうち１つ以上該

管理不全の疑いがあるマンションの状況 (重複あり)

	管理規約なし	総会開催なし	管理費設定なし	修繕積立金なし	築25年以上で大規模修繕工事未実施
マンション数(棟)	41	16	11	29	30

(出所) 東京都資料

当するマンションを，都は，「管理不全の疑いがあるマンション」と把握している。

老朽危険空き家のなかには，「大地震が発生すれば確実に倒壊する」というような見立てがされるものも少なくない。それゆえに，空家法のもとで特定空家等と認定され，代執行によって除却がされるのである。

ところが，「管理不全の疑いがあるマンション」については，倒壊の危険というような切迫性はない。鉄部の腐食による落下のおそれ，外壁の落下のおそれといった程度である。いずれも共用部分に関する管理不全である。

3. 区分所有法とマンション管理適正化法

区分所有法は，建替えに関して，特別のルールを創設し，全員合意主義を修正する措置を講じた。同法は，管理組合総会において，「区分所有者及び議決権の各5分の4以上の多数」で建替え決議ができると規定する（62条1項）。特別多数決による建替え決議である。建替えを希望しない区分所有者に対しては，他の区分所有者は，区分所有権および敷地利用権を時価で売り渡すよう請求できる（63条4項）。この売渡しにより，建替えに全区分所有者の賛成という合意形成が実現される。なお，

《第３部》マンションの終活を円滑に進めるために

制度はあるが，ほとんど実例はない。

　建替えまでに至らないけれども，外壁の落下などを防止するための措置の場合はどうであろうか。共用部分の取扱いである。マンションの場合には，区分所有者間の関係が問題になる。管理組合の設立を前提とするが，保存行為は各共有者が単独で（18条１項但書），管理行為は集会における普通決議（過半数の賛成である単純多数決）で（18条１項本文），それぞれ決定することが可能である。これに対して，外壁の修理は，「管理」の範疇を超えて「変更」となるが，「形状又は効用の著しい変更を伴わないもの」（軽微変更）と解されることから，そうでない場合に求められる特別多数決（区分所有者および議決権の各４分の３以上）ではなく，普通決議（それぞれ２分の１以上）で決定が可能である（17条１項）。マンションの規模にもよるが，外壁のタイルの補修程度であれば，数百万円程度の費用のようである。

　決定は，あくまで管理組合を構成する区分所有者の自主的取組みによる。自らの財産に関する自己決定である以上，当然であろう。ところが，管理組合が十分に機能していない場合，あるいは，東京都調査にあるように，そもそも管理組合が実際には存在していない場合には，管理不全状態を改善するような取組みは期待できない。

　そうした場合に，行政は，マンションとの「距離」をどのようにとるべきであろうか。マンション管理適正化法５条は，「国及び地方公共団体は，マンションの管理の適正化に資するため，管理組合又はマンションの区分所有者等の求めに応じ，必要な情報及び資料の提供その他の措置を講ずるよう努めなければならない。」と規定する。まさに受動的対応である。建築基準法８条１項およびマンション管理適正化法４条１項に鑑みれば，このようなスタンスとすることについては，十分な理由があるというべきであろう。

自治体の役割と条例のあり方

4. マンション管理適正化条例の意味

(1) 積極的対応の制度化

　しかし，これは，あくまで「国から目線」での整理である。不適正管理状態にあるマンションに起因する外部性をより敏感に受けとめるのは市町村である。住民の安全や生活環境を守る責務を有するその役割を踏まえて，同法よりも踏み込んだ対応をすることは妨げられない。マンション管理適正化法5条の受動的対応規定は，それ以上の対応を自治体がすることを禁止する趣旨ではない。

　東京特別区の状況をみれば，2009年に，「中央区マンションの適正な管理の推進に関する条例」が制定されている。マンションの区分所有者等および管理組合に対して，適正管理，長期修繕計画の作成，適時適切な修繕などの努力義務を規定した。本書で解説されている2012年制定の「豊島区マンション管理推進条例」は，努力義務から一歩踏み込み，管理状況の届出を義務づけ，条例に規定される維持管理内容の実現について指導・勧告し，勧告不服従を公表すると規定する。届出の義務づけと指導・勧告の制度化は，区内に立地するマンションの管理状況について，区が積極的に情報収集をし，管理の悪化を未然に防止することにより生活環境の保全を図ろうとするものである。行政が私的自治の世界に相当程度介入している。マンション管理適正化法の受動的対応からは明確に訣別し，積極的対応へと舵を切った。こうした法政策は，2016年制定の「墨田区分譲マンションの適正管理に関する条例」，2017年制定の「板橋区良質なマンションの管理等の推進に関する条例」に継承されている。

185

⑵ 「地域における行政」としての生活環境保全

　管理不全状態のマンションに起因する外部性を除去して生活環境を保全するのは，たしかに地域における行政である。それは，地方自治法2条5項に規定される広域的事務でも連絡調整的事務でも補完的事務でもないようにみえるため，地方自治法2条3項に照らして，市町村が担当するのが適切である。

　もっとも，義務づけをするといっても，踏み込む程度は一義的に決まるわけではない。豊島区条例，墨田区条例，板橋区条例は，法的義務づけはするものの，履行確保手段は勧告という行政指導にとどめている。

　基本的に所有者等の私的自治に委ねられるべき内容であるから，不利益処分である命令を規定する意義に乏しい。所有者等および管理組合が「その気」にならないかぎりは，管理状態の改善は期待できないからである。条例の規定は，所有者等および管理組合が「寝たきり状態」にならないようにするための措置であり，それ以上のものではない。

　かりに建築物の状況が悪化して，外壁や工作物の崩落により通行人に被害が発生するといった事態が予測されるとすれば，その対応は，もはや条例事項ではない。建築基準法10条各項にもとづき，特定行政庁には介入が義務づけられる。事故が発生すれば，工作物の設置者として所有者等が民法717条にもとづく工作物責任を問われるほか，道路の安全性に瑕疵があったとして，道路管理者に関して国家賠償法2条にもとづく営造物責任が問われるだろう。なお，冒頭に紹介した大仙市条例および八郎潟町条例のもとでは，除却の代執行が実施された。規模にもよるが，費用は数十万円から数百万円である。一方，マンションの場合には，危険除去対策としての建物除却は一般には考えにくい。通常は補修であるが，これを代執行によるとすると，（最終的には強制徴収するとしても）

自治体の役割と条例のあり方

公費で資産価値を高める結果となるため，その妥当性には疑問が持たれる。あくまで自主的な対応に期待するほかない。

5. 都道府県条例としてのマンション管理適正化条例

(1) 「条例制定をしない」という決定

　上述のように，マンション管理適正化条例の制定主体は，すべて特別区である。住民の安全性や生活環境に関係することから，基礎自治体である市町村が対応するのは自然である。ところが，東京都は，都内全域を対象とするマンション管理適正化条例を構想中である。都道府県条例としての意味はどこにあるのだろうか。そもそも，これは都道府県の事務なのだろうか。都内におけるマンション管理適正化条例は，4つの特別区が制定するのみである。この4区だけにおいて不適正管理マンションに起因する外部性が問題となっているわけではないのはいうまでもない。それにもかかわらず，住民にもっとも近い位置にある19特別区は条例化をしていない。特別区以外の都内市町村についても同様である。これら自治体が，4特別区におけるマンション管理適正化条例の制定を知らないわけではないだろう。その存在を認識したうえで，「条例制定をしない」という決定をしているのである。

(2) 都の事務としての正当性

　もっとも，そうした地域にも，都民は居住している。したがって，その安全や生活環境を確保するための措置を都が講じてはならないということにはならない。ただ，先行して条例対応をしている市町村の決定は尊重しなければならない。条例の内容にかかわらず，基本的には都条例

187

《第3部》マンションの終活を円滑に進めるために

の適用除外とするのが適切であろう。この点で，領域は異なるが，ポイ捨て規制に関する「鳥取県環境美化の促進に関する条例」が参考になろう。市町村の役割と考えられる事務について県条例で規定しつつも，市町村がポイ捨て規制に関して条例を制定すれば，その内容を問わずに県条例の適用除外としている（実例もある）。

都条例が制定されるとしても，このような配慮が必要である。また，条例の内容は，先発条例よりも緩やかなものとするのが適切である。具体的には，サンクションの規定までは不要である。都の事務とした際の性質は，地方自治法2条5項にいう補完事務であろうか。

そうであるとしても，「制定をしない」という決定をしている市町村との関係で，その意向を尊重せずに都条例が当該区域に当然に適用されるという結果になるのも，少々気にかかる。都条例の適用にあたっては，知事が市町村長と協議をしてその同意を得た場合に可能になるとするのが適切ではないだろうか。

なお，都の構想については，マンションの適正管理促進に関する検討会『東京におけるマンションの適正な管理の促進に向けた制度の基本的枠組みについて最終まとめ』（2018年11月26日）で説明されている。

〈参考文献〉

金井利之（編著）（2018）『縮減社会の合意形成—人口減少時代の空間制御と自治』（第一法規）

北村喜宣（2018）『空き家問題解決のための政策法務—法施行後の現状と対策』（第一法規）

北村喜宣（2018）『自治体環境行政法（第8版)』（第一法規）

マンションの長寿命化と解消をめぐる法的課題

早稲田大学大学院 法務研究科 教授
鎌 野 邦 樹

1. マンションの終活の意義

　今日，マンションに関して，「建物の経年劣化・老朽化」とその「居住者の高齢化」が問題とされている。おそらく当面はわが国のどのマンションでも，建物の経年に比例して居住者の高齢化が進むものと思われる。ただ，近い将来，当初の入居者の寿命を超える期間にわたり適切に維持・管理された経年マンションにおいて，居住者の入れ替わりにより世代交代が生じ，建物の経年と居住者の高齢化とは相関しない事態が多く出現するかもしれない（そのような事態になることを期待したい）。

　しかし，いずれにしろ，人に寿命があるのと同様に，一般的に，建物についても物理的ないし社会的・経済的な寿命があり，永久不滅のものではない。したがって，建物についても，人と同様に寿命を認識して「終活」を行うことが望まれる。ただ，人の終活は，基本的に，寿命を延ばす活動ではなく，やがて訪れる死までの間に身辺の様々な事柄についての整理を行うことであるのに対し，建物の終活の場合は，いつまで寿命

《第3部》マンションの終活を円滑に進めるために

を延ばすか，そして徹底的に延命化させた上で，どの時点で売却するか，または建て替えるかの判断を基礎とする活動であると思われる。そして，マンションの場合は，戸建ての建物と異なり，このような判断を団体的意思に基づいて判断しなければならない。

　一般的に，建替えや解消（マンション敷地売却）は，実際上，主に経済的な理由により区分所有者の法所定の割合の賛成を得ることが容易でなく，したがって，まずは建物の長寿命化を極力図る必要がある。ただ，上述のように，建物は永久不滅のものではないので，朽廃ないし危険・有害マンションに至らせる前に，団体的決定により建物を取り壊して「絶命」させる必要がある。その上で，その居住者は，建替えの選択肢もあるが，実際上多くはマンション敷地売却により得られた売却代金により新たな住生活への「再生」を図ることになると考えられる[注1]。

　本章では，以上のようなマンションの終活に関し，主として，建物の長寿命化と居住者の高齢化の過程で現に生じている二つの具体的な法的問題を論じ（2., 3.），併せて区分所有関係の「解消」に関する法的課題についても簡単に触れることにする（4.）。

2. 長寿命化に伴う法的課題

　上で述べたように，現実を直視した場合のマンションの終活は，建物寿命を延ばすことであり，そのためには，必要に応じて耐震補強をし，計画的に延命化のための建物維持・修繕工事をすることが基本となるが，さらに居住者に適合した「改良」が必要となる。そのためには，管理組合（区分所有者の団体）が十分に機能しなければならない[注2]。

　以下では，このようなマンションの終活における建物の長寿命化に関

連して，管理組合の活動に関する二つの法的問題について検討する。一つは，管理組合による空き住戸等の買取りの問題であり，もう一つは，高齢者の見守りの問題である。

(1) 空き住戸の買取りと先行する事例・施策

横浜市は，団地やマンションについての新たな施策支援策の仕組みを提言するために，神奈川県，市および県の住宅供給公社，都市再生機構，住宅金融支援機構とともに，「よこはま団地再生コンソーシアム」を2016年12月に発足させ，2018年12月25日に，その推進策として「マンション・団地の再生の支援！」に関する記者発表資料を同市のホームページに掲載した。そこでは，分譲マンションの建替え合意支援とともに，空き住戸対策として，次のような支援策を提示した。

まず，その背景として，「横浜市内のマンションは，高齢化，老朽化により，管理組合の担い手不足や空き住戸の増加，管理不全など様々な問題が表面化してきており，特に空き住戸の増加は，所有者不明や修繕積立金等の延滞の原因となり，その解消が課題となっています。空き住戸対策では，集会室等がなく住民活動に支障が出ている場合に，専有部分を管理組合（法人）が取得し集会室等に改造・用途変更し活用することは住民にとっても有効であり，横浜市でも数件の実例があります。」と述べる。

そして，次に，支援内容として，「管理組合（法人）が空き住戸等を買い取り，集会室や備蓄倉庫等に活用する際に（掲載のイメージ図では，空き住戸を集会室に，空き店舗を管理人室に，空きオフィスを備蓄倉庫にそれぞれ改修することが記載されている），次の支援を行います。」として，「(ｱ)取得した空き住戸等を集会室，備蓄倉庫等に改良する際の工事費に対する融資，(ｲ)空き住戸等の取得に当たって修繕積立金を充当する場合にお

《第3部》マンションの終活を円滑に進めるために

ける将来不足する可能性にある大規模修繕工事の資金の相談」と述べる。

(2) 空き住戸の取得をめぐる法的問題

❶管理組合の目的の範囲

管理組合（法人）が空き住戸を上記の目的で取得するについては，次の①～⑤の点が法的に問題となり得る。

①管理組合は，その目的からして，そもそも新たに専有部分を取得することができるのか。それが可能であるとして，②それを取得するためには，区分所有者の全員の合意が必要か，それとも集会の多数決議で足りるか。多数決議は，特別多数決議を要するか，普通決議（過半数決議）で足りるか。③専有部分取得の資金として，管理費や修繕積立金をもってこれに充てることができるか。④取得した住戸について，管理組合ないし区分所有者は，どのような権利を有するか。取得した権利について何か必要な手続きはあるか。⑤取得した住戸を改修するためにはどのような手続きが必要か。

この問題の最大の論点は，①に関してである。すなわち，管理組合（区分所有者の団体）は，建物等の「管理」を行うための団体である（区分所有法3条）から「管理」以外の業務を行うことはできないが，はたして管理組合が当該区分所有建物の専有部分を取得する行為が「管理」に該当するか否かということが問題となる。

前記の「よこはま団地再生コンソーシアム」が述べる「集会室等がなく住民活動に支障が出ている場合」において，たしかに，理事会等を行う共用施設を区分所有建物内に備えることは実際上「管理」の基盤であるから，これを管理組合の「管理」業務に該当するものと考えることができようが，他方で，区分所有法3条でいう「管理」とは，既存の建物等の「管理」であって，新たな建物等（専有部分を含む）を管理組合が

192

取得すること，および取得後それを管理することは「管理」には該当しないと考えることもできよう。

①の点が明らかになれば，それ次第で②以下の問題は容易に明らかになろう。そこで，以下では，まずは，①の点を検討する。

❷従来の見解

①の点については，国土交通省の作成した『改修によるマンション再生手法に関するマニュアル』（平成16年6月（平成22年7月改訂））が次のように述べる。

- ・マンション内の区分所有権の対象とされている専有部分床を共用スペース（倉庫，プレイルーム，集会室，宿泊施設，管理事務所等）に用途変更するにあたっては，当該専有部分を民法上の共有として全区分所有者が共有とすることも可能であるが，規約共用部分（区分所有法4条2項）とすることが実務的であると考えられる。

- ・ただし，専有部分床を規約共用部分とするには，当該専有部分を区分所有者全員で共有していることが前提となるので，区分所有者全員の合意により当該専有部分を取得する必要がある[注3]。

上で述べるように，区分所有者が全員の合意により当該専有部分を取得し，それらを共有とすることはもとより可能であるが，ただ，その場合には，直接的には「専有部分」を民法上の共有にするに過ぎない（この場合には民法256条1項で定める共有物の分割請求が可能となる）。

前記①で問題とされるのは，「（規約）共用部分」として区分所有者全員の共有とするために専有部分を取得することができるか否かであり，このような行為を，前述のように区分所有者全員で構成される「管理」のための団体である管理組合（区分所有者の団体）が行うことができるか否かである。

そこで，区分所有法3条でいう区分所有者の団体（管理組合）の目的

《第3部》マンションの終活を円滑に進めるために

である「管理」について問題となるが、この点について法務省立法担当者は、次のように説明している。

「この場合の「管理」とは、最広義におけるそれであり、18条1項、30条1項又は民法252条等で用いられる「管理」より広い概念である。……要するに、本条でいう「管理」とは、本法において区分所有者の団体的意思決定に服すべきものとされる対象事項を広く包摂するのである。……「管理」自体ではなくても、それに附随し又は附帯する事項は、その目的の範囲内である。また、各専有部分の使用に関する事項であっても、区分所有者の共同の利益に関する事項や建物の構造上あるいは社会通念上区分所有者が共同して行うことが相当であると認められる事項は、その目的に含まれると解するべきである。」(注4) と述べ、「これらの限界は難しい問題であり、個々の事案ごとに社会通念に照らして考えるほかないが、例えば、……区分所有者の共同所有の財産を通常の用法で収益してこれを管理費用に当てるようなことは、目的の範囲内であるが、管理費用に当てるためであっても、独自の収益事業を行うことは、一般に目的の範囲を超えるものというべきであろう。」(注5) と説く。

❸従来の裁判例

上記のような空き住戸の取得自体が争われた裁判例はないが、類似の裁判例として、マンション管理法人であるYが、その総会において、管理費等を滞納する区分所有者に対する区分所有法59条1項に基づく競売請求訴訟の提起の決議をするにあたり、買受人が現れない場合は第三者への転売を前提としてY自身が買い受けることを併せて決議したことは、Yの目的の範囲外の行為を決議するものであると主張して、Yの組合員たる区分所有者Xが、同決議の無効確認を求めた事案についての高等裁判所の判決(注6) がある。同控訴審は、次のような原審(注7) の判断を是認して、「原判決は相当であり、本件控訴は理由がないことからこ

れを棄却する。」と判示した。

「原審は，……Ｙの目的は，区分所有法３条にいう「建物並びにその敷地及び附属施設の管理」に限られ，Ｙはこの目的の範囲内で権利を有し義務を負うものであるが，この「目的の範囲内」とは，目的自体に限局されるものでなく，その目的を遂行する上に直接又は間接に必要な行為も包含されると解するのが相当である」とした上で，「本件各決議は，管理費等を滞納する共同利益背反行為者の区分所有権等につき競売請求訴訟を提起する旨の決議であるが，競売手続で買受希望者が現れない場合には，管理費等の適正な徴収という目的を達することができないので，次善の策として，Ｙが第三者への転売を前提として自ら競落することを決議したものであり，Ｙの目的を遂行する上で直接又は間接に必要な行為であると認めるのが相当であるから，Ｙの目的の範囲内の行為であって無効ではない。」として，Ｘの請求を棄却した。

❹所有権の譲渡と共用部分とする旨の規約の設定行為

それでは，従来の見解および裁判例を踏まえて，前記①の論点についてどのように考えるべきか。その前提として，次の点を明らかにしておきたい。

空き住戸の所有者の専有部分を区分所有建物の規約共用部分とするためには，まず，(a)専有部分の所有権につき，その区分所有者からそれ以外の区分所有者全員への譲渡が行われ，その譲渡が有効に行われたことを前提として，次に，(b)当該専有部分を共用部分とする規約が設定されることになる(注8)。ここにおいて，(a)の譲渡が区分所有者全員の合意の下になされ，売主以外の区分所有者全員の共有とすることを前提に，(b)の規約の設定が特別多数決議でなされる場合は，何の問題も生じない。前記❸の裁判例の場合においては，管理費等を滞納する区分所有者に対する区分所有法59条１項に基づく競売請求訴訟の提起の決議（上記(b)

《第3部》マンションの終活を円滑に進めるために

に相当）がなされた後に，当該競売において買受人が現れないときに，区分所有者全員の合意により第三者への転売を前提として当該管理組合（法人）が買い受ける場合（上記(a)に相当）も，同様に何ら問題を生じさせない。

　ここでの問題は，(b)の特別多数決議によって，すなわち区分所有者全員の合意によらずに，併せて(a)の区分所有者全員の共有となるような譲渡も同決議に包含してなされ得るかどうかという点であり，管理組合（法人）の目的の範囲としての建物等の「管理」が，(a)をも包摂し得るかどうかである。他面から見れば，(b)での特別多数決議に賛成しない区分所有者に対し，団体的意思決定をもって，(a)での譲渡に伴い共有持分権を付与させ，そのための負担を課すことができるか否かである。

⑶　私見と今後の課題

❶私見

　区分所有建物のうち，特に居住用の区分所有建物（複合用途型も含む「マンション」）にあって，相当数の区分所有者が居住している場合において，実際に区分所有法3条に定める「管理」を行うためには，その要素として，「集会」（34条）を行う会場は別として（年に1回ないし数回の開催のためには，近くの施設を借用すれば足りる），「管理」を実施するために「管理者」ないし「理事」（25条以下，49条以下）がその権限に基づく業務を行う場所（理事会のための集会室等）や，「規約」や議事録等の保管場所（管理事務所等）（33条1項，42条5項）その他の共用部分が必要である。

　分譲時において，その他の多様な目的のための共用部分（談話室，外来者宿泊施設，キッズルーム，プール，トレーニング施設等）ではなく，「管理」のために一般的に必要な共用部分・共用施設（上記の集会室や管理事務所のほか防災等備品倉庫等）が備わっていない場合には，実際上，区

分所有法3条が定める「管理」に支障が生じ得る。

したがって，当該マンションの「管理」にとって少なくとも実際上必要と考えられる共用施設を規約共用部分として区分所有者全員の共有とするために管理組合が取得することは，管理組合の目的の範囲内の「管理」に該当すると解され，規約共用部分の決議をする前提としての建物の取得についても一体として「団体的意思決定に服すべき事項」（（注4）書）としてこの特別多数決議により決定し得ると解されよう。ここにおいて取得されるべき建物は，必ずしも専有部分だけでなく，「附属の建物」であってもよく（区分所有法4条2項参照），必ずしも「空き住戸」である必要はない。そして，ここでの特別多数決は，共用部分の変更に準じて，区分所有者および議決権の各4分の3以上の多数による集会の決議（区分所有法17条1項）となろう。

これに対し，マンションの「管理」にとって必須とは考えられない建物や施設（プールやトレーニング施設等）については，その取得については，通常，「管理」の範囲を超えるから，区分所有者全員の合意によってこれを取得しなければならず，ただ，これを前提にして，取得後に共用部分として管理する必要がある場合に規約共用部分とすることについては，既に区分所有者全員の共有であり，共用するのであるから，これを広く認めてもよいと解される。

なお，高齢者等談話室，外来者用宿泊施設，キッズルーム，図書館，受験生等自習室などの用途の規約共用部分として専有部分や施設を管理組合が取得することについては，当該マンションの規模，構造，居住者の状況や意向，取得のための費用の多寡や支出元等を総合的に勘案して，それが当該マンションにとっての「管理」に該当するか否かが判断されるべきであろうか。

なお，前掲の裁判例の事案については，管理費等を滞納する共同利益

《第3部》マンションの終活を円滑に進めるために

背反行為者の区分所有権等につき競売請求訴訟を提起する旨の決議の目的は，当該共同利益背反行為者を区分所有建物から排除するものであるところ，競売手続で買受希望者が現れない限りこのような者を排除することはできないため，当該専有部分の新たな所有者から管理費等を徴収するためには管理組合自身が当該専有部分を取得してそれを転売するほか方法はないと思われる。このことから，区分所有法59条1項に基づく競売請求決議に伴う上記の管理組合による専有部分の取得についても，同決議に包摂される管理組合の目的の範囲内の「管理」に該当すると解することができよう。

　以上から，前記①〜⑤に関して，①および②については上で述べたとおりであり，③については，管理費ではなく修繕積立金の取崩しが可能かどうかが問題となるが，たとえば，規約に「敷地及び共用部分等の変更」に要する経費に充当できる旨の規定（マンション標準管理規約28条1項3号参照）があれば，これに該当すると解する余地もあるが，一般的には規約共用部分のための規約の設定決議の際に併せてこの点についての規約の変更をすることを要すると解させよう。④については，当該規約共用部分は区分所有者全員の共有となる（区分所有法11条1項）が，これを第三者に対抗するためにはその旨の登記が必要であり（同法4条2項），管理組合法人にあってはそれに帰属する旨の登記が必要である。⑤については，区分所有法17条または18条の手続きを要する。

❷今後の課題と立法の必要性

　マンションを長寿命化させるにあたっては，建物の物理面の手当てだけではなく，建物および敷地について，分譲時とは社会状況も居住者も異なるため，分譲時の状態をそのまま維持するのではなく，社会の変化および居住者の年齢等の状況に応じた対応が必要となる。

　上で検討した，空き住戸を買い取って実際上の「管理」に欠かせない

集会室を（分譲業者ではなく）区分所有者自身で創設するといった事項もそうであるが，分譲時に存在する建物や敷地等の「管理」に限定されない，むしろ居住者たる区分所有者の状況に適合するような建物や敷地等の「管理」をさらに推し進めていく必要があろう。

そのためには，上で検討した空き住戸の買取りや区分所有法59条の競売における管理組合の買受けの可否等について，それをもっぱら解釈に委ねるのではなく（すでに私見に対して想定し得る伝統的と思われる立場からの反論（末尾も参照）も併せて述べたが，そのような反論も十分に成り立つ），立法上これらの点が明確となるような措置が講じられることが望まれる。

そして，さらには，既に述べた「区分所有法3条の「管理」の実質化に資する要素」に係る事項に限定するのではなく，それを超えて，建物（専有部分を含む）や施設の取得を伴う場合も現在の区分所有者の共同の利益に適合するようなときには，共用部分等の「変更」として団体的意思決定（多数決議）によって可能となるような立法が望まれる。

たとえば，空き店舗を管理組合で買い取って，直接的に「管理」に適合する集会室や防災備品倉庫とするだけではなく，高齢等の居住者のための談話室にしたり，コンビニ店や福祉施設を誘致して無償または低廉な賃料で貸すこと（空き店舗の所有者や管理組合が市場賃料を要求する限り，これらの賃借人を得ることは難しいことから，管理組合が設定する賃料については低廉なものとしたり，場合によっては無償として容易に解除できるように使用貸借（民法597条1項）とすることも考えられる）や，逆に，常駐の管理人を雇用しなくなったために不要となった（規約）共用部分たる管理人室を管理組合が第三者に売却することを団体的意思決定（多数決議）により可能とする立法が望まれる。

ただ，ここでも，団体的意思決定（多数決議）に服するべき管理組合

《第3部》マンションの終活を円滑に進めるために

の目的の範囲（最広義の「管理」）をどこまでにするかについて，たとえそのための費用の負担等につき多数の区分所有者の賛成があったとしても，少数非賛成者に対し，取得にあっては強行的に費用負担を課して共有持分権を取得させ，売却にあっては強行的にその共有持分権をはく奪することとの兼ね合いが問題となり，また，その他検討すべき課題（敷地外の建物や土地等の購入，敷地の一部の売却，および以上の事項を区分所有建物一般に認めるのかマンションに限定して認めるのか等）も少なくない。

3. 管理組合は認知症等の高齢者とどう向き合うか

(1) 居住者の高齢化に伴う問題

「高経年マンション」においては，一般的に高齢者が多数を占めることになるが，そこにおいては，①身体的ハンデを抱える居住者，②認知症を抱える居住者，および③高齢者のみの世帯または単身世帯が少なからず存在する。

これらの事項に対し，管理組合ないし理事会は，マンションの管理との関連でどのように向き合うべきか。②に関しては，迷惑行為（専有部分の「ゴミ屋敷化」，共用部分の毀損，管理組合への苦情，総会の運営の妨害，近隣トラブル，徘徊，水漏れによる階下への影響等）に対する対応も問題となり，③に関しては，「孤独死」を防止するなど日常的な生活サポートが問題となる。

以下では，これらの高齢者の「見守り」について管理組合ないし理事会がどこまで関わるかといった，マンション「管理」の範囲ないし内容について簡単に述べることにする(注9)。

(2)　管理組合・理事会の対応

　高齢者に対する「見守り」については，一般的に，管理者ないし理事・理事会の「管理」に関する業務には属さず，また，これを規約等によって理事等の業務として義務付けることは基本的に共用部分等の管理から外れるために認められないと解され，さらに，実際上，理事・理事会にこの点に関する業務を義務付けることは過重負担となり，非現実的である（「支える側」も高齢者であることが多い）。

　ただ，このような限界を十分に認識した上で，可能な範囲で，管理組合ないし理事会が，自治会，地域の関連団体または行政と連携すること（たとえば，高齢者等の親睦会や昼食会等のためにマンションの集会室等を提供すること）は，「管理に関する業務」として認められるだけでなく，法的に要求される諸々の合意形成（共用部分の管理，復旧，建替え等についての集会決議）を図るためにも有益であろう。

　なお，居住者の高齢化を背景として，マンション管理業者が提供する業務範囲は，共用部分の管理にとどまらず，専有部分の照明電球の交換など専有部分を対象とするサービス業務まで拡大し得るところ，当該サービスに対する費用負担は原則としてそのサービスを受けた者とすることを基本としつつも[注10]，管理組合が，自治会，地域の関連団体または行政と連携するに際しての企画立案や実施の支援および建物の巡回等の際に発見した事故等の対応等（救急車の手配等）について，管理組合がマンション管理業者にそれらの業務につき委託することは考えられよう[注11]。

《第３部》マンションの終活を円滑に進めるために

4. 結びに代えて──マンションの解消に伴う法的課題等

(1) マンションの解消制度と団地敷地の分割制度の導入

最初に述べたように，いくら長寿命化に努めても建物にも寿命がある。ただ，人の寿命のように自然に任せて死（朽廃）を待つのではなく，頃合いを見計らって「解消」の団体的決定をする必要があり，そこに至るまでには計画的な「終活」が必要となろう。そして，この場合の「解消」は，区分所有者の経済的事情を勘案すると建替えではなく，建物と敷地の売却が一般的なものとなろう。徹底的に延命化させた上での解消が望ましいが，実際には，それを怠り，管理不全により老朽化さらに朽廃に至らせるマンションも少なからず出現しようから，この場合にも解消が必要となろう。

現行制度において建物敷地売却による解消が認められるのは，政令の指定を受けた大規模災害による区分所有建物の大規模一部滅失の場合に被災マンション法を根拠とするものと，耐震不足のマンションにおいてマンション建替え等円滑化法を根拠とするものに限られる。しかし，それ以外の場合の長寿命化の後のマンションおよび管理不全の結果老朽化したマンションについても解消制度を導入する必要があろう。ここにおいて，後者のマンションについては何らかの「老朽化」等についての客観的な指標によって「解消」を認める制度が考えられるが，前者の長寿命化によりそれなりに維持されているマンションについては，これとは別の指標ないし基準が必要とされることも考えられる。そして，団地の場合には，団地全体で一括して解消等をする場合だけでなく，一部の建物棟のみが解消して他の建物棟は建替えまたは長寿命化を選択する場合も考えられる。そのためには，団地の敷地の分割をその共有者たる団地建

202

物所有者の団体的決定（多数決議）に服させる制度の導入が必要となろう。

(2) 区分所有法制の転換（区分所有法制の再構築）の必要性

　ドイツ等の外国の立法例に倣い 1962 年に制定された区分所有法は，もともと民法の共有等の制度を区分所有建物の特質に適合させるために修正したものである。最も基本的な修正点は，①区分所有者全員により当然に構成される団体（管理組合）が建物および敷地等の「管理」を行うものとしたこと，②区分所有建物の共用部分および共有する敷地等の分割を禁止したこと，および，③共用部分および共有する敷地等の変更ならびに建替えについて全員の合意ではなく団体的決定すなわち多数決議（特別多数決議）に服させるものとしたことである。

　マンションは，約半世紀前から「区分所有建物」として建設され普及し，それに適合的な法律によって支えられてきた。約半世紀前に区分所有建物が建設された当時およびそれが広く普及するに至った近年まで，管理組合および区分所有者は，ただただ分譲時の建物と敷地等をできるだけそのままの状態で将来に向かって維持・管理し，必要に応じて原状を改修（変更）する活動を行ってきた。区分所有法の上の①〜③の制度は，それに適合的なものであった。

　しかし，その相当数のマンションが，数十年を経過して，建物が経年劣化し，居住者の相当数も高齢化し，社会環境も変化した。ここに至っては，管理組合は，以上で述べてきたように「解消」をも視野に入れた建物の長寿命化を図るべく「終活」を行う必要があり，そこでは，管理組合および区分所有者は，ただただ分譲時の建物と敷地等をできるだけそのままの状態で維持・管理していくだけでなく，居住者の意向や社会の変化に応じた「管理」が必要とされ，そのためには，それに適合的な法制度が求められよう。たとえば，前記③に関して共用部分および敷地

《第3部》マンションの終活を円滑に進めるために

の「変更」を一定の「取得」や「処分」まで拡大し，それに対応する形
で前記①の「管理」の範囲を拡張することや，また，「解消」にあたっ
ては前記②に関し「解消」に適合的な敷地の分割を認めること等が考え
られる。

20世紀初期に誕生したマンションおよび区分所有法制が持続可能な
ものとなるためには，このような「終活」にも対応できる制度への再構
築が必要であろう。

（注1）　この点については，鎌野邦樹「居住者の高齢化と高経年マンション—法は
どう向き合うか—」『早稲田法学の現在—浦川道太郎先生・内田勝一先生・鎌田
薫先生古稀記念論集』115頁以下，成文堂，2017年参照。

（注2）　この点についても前掲・鎌野115頁以下参照。

（注3）　同マニュアル137頁。96頁，97頁，129頁も参照。なお，同マニュアルを
作成するための同省の検討会に筆者も参加した。

（注4）　濱崎恭生『建物区分所有法の改正』114頁〜115頁，法曹会，1989年。

（注5）　同書115頁〜116頁，法曹会，1989年。

（注6）　東京高判平成25年11月7日WestLaw2013WL.JP11076005。

（注7）　新潟地判長岡支部平成25年6月14日（出典：前掲控訴審判決）。

（注8）　川島一郎「建物の区分所有法等に関する法律の解説(中)」『法曹時報』14
巻7号61頁以下（前掲・濱崎538頁〜539頁に再掲）参照，1962年。

（注9）　これにつき若干詳細に検討したものとして，鎌野邦樹「高齢社会とマンシ
ョン」小賀野晶一ほか編『認知症と民法』228頁以下，勁草書房，2018年参照。

（注10）　なお，現在，郵便局が比較的少額で「みまもり訪問サービス」を提供して
いる。

（注11）　この点に関しては，2018年3月改訂に係る国土交通省作成の「マンショ
ン標準管理委託契約書」の3条関係のコメント参照。なお，同検討に当たっては
筆者も参加した。

《第4部》

【座談会】
マンションの終活を考える

［出席者］

横浜市立大学
国際教養学部 教授
齊藤広子

弁護士／戎・太田法律事務所
明治学院大学法学部 客員教授
政策研究大学院大学 客員教授
戎　正晴

東京大学大学院
工学系研究科 教授
浅見泰司

●マンションの終わりとは？

　齊藤　今日は，「マンションの終活を考える」ということで座談会をさせていただきます。よろしくお願いいたします。

　はじめに，マンションとは何かを確認しておきたいと思います。

　マンションが法律で定義されたのは，2000年にできたマンション管理適正化法（マンションの管理の適正化の推進に関する法律）になります。

　そのなかでは，マンションは，①2以上の区分所有者（建物の区分所有等に関する法律（昭和37年法律第69号。以下，「区分所有法」という）第2条第2項に規定する区分所有者をいう。以下，同じ）が存する建物で人の居住の用に供する専有部分（区分所有法第2条第3項に規定する専有部分をいう。以下，同じ）のあるものならびにその敷地および附属施設。そして，②一団地内の土地または附属施設（これらに関する権利を含む）が当該団地内にある①に掲げる建物を含む数棟の建物の所有者（専有部分のある建物にあっては，区分所有者）の共有に属する場合における当該土地および附属施設，とあります。よって，2戸以上の区分所有している住宅が対象となります。

　また，マンション建替え円滑化法（マンションの建替え等の円滑化に関する法律。平成14年法律第78号）でも，2以上の区分所有者が存する建物で人の居住の用に供する専有部分のあるものとなっております（マンション建替事業の対象となるのは5以上とさらに限定されています〔同法第10条，第12条，同施行規則第13条〕）ので，区分所有住宅，多くは区分所有の集合住宅になります。

　区分所有という所有形態の建物には，多くの所有者（共有者）がいて合意形成を困難にしている現実があります。

207

《第4部》【座談会】マンションの終活を考える

戎　　正晴　先生

そして，マンションの「終わり」をどのように考えるかがですが，この本でも，多様なとらえ方があるように思います。

管理はいま在る物を維持させていく行為ですが，「終わり」には，区分所有建物を解体し，区分所有関係を解消し，そして土地も売却し，管理組合を解散することが究極の「終わり」だと思います。

そこまでのプロセスが終活になるわけですが，そこで，いかに終わりまできれいにもっていくか，さらにはそこまでの間に多様な課題が出てくることに様々なご提案をいただいております。

戎　実務的には，マンションが「高経年」と呼ばれるようになるまでは，「管理」一本で考えるのですが，高経年を迎えたら，「再生」を視野に入れた管理が必要になります。

再生の選択肢として，建替えや解消（除却・売却），あるいは大規模な改修などがあり，通常の建物の維持管理を超えたところで最終的に「解散」という事態になりますので，解散まで視野に入れた管理のことを基本的に「終活」と考えればよいと思います。

●区分所有法，それに基づく管理組合の役割

齊藤　マンションの管理の基本は，区分所有法になりますが，この法律ではマンションの終わりとして解消が想定されているのでしょうか。そもそも，区分所有法の役割は何でしょうか。この法の限界はどうでしょうか。

戎　そもそも区分所有法は集合住宅法でもないし，ましてマンション法ではないです。区分所有法はマンションだけを想定している法律ではなくて区分所有建物一般を想定しています。ですから，住宅が一つもない店舗や事務所のみからなる，いわゆる「区分所有ビル」も全く同じような管理のシステムになります（区分所有ビルにマンション管理適正化法の適用はありませんが）。よって，住宅としての管理を想定した特別な仕組みは何ら用意されていません。また，区分所有法は，現在ある建物等の管理のための法なのです。管理法であって，再生や開発に関するものは本来，含まれません。管理法の中に「建替え」に関する規定が挿入されているからややこしくなるのですが，基本は現在ある建物や設備や土地を維持管理するための法律ですし，しかも管理が尽きたあとの話は関心の外なのです。私は，管理のエンドは建替え決議ではなくて，解消決議が本来だと思います（建替えるかどうかはその後の話）。

浅見　住宅法ではないとおっしゃったんですけど，もしも住宅法だったならば区分所有法の内容はどのように変わっていたはずでしょうか。

戎　占有者の扱いがもう少し丁重でもよかったでしょう。借家人や家族も入れたような居住者による管理団体という構想もありえたと思います。しかしながら，区分所有法第3条の団体はあくまで所有者による共有財産管理団体なのです。区分所有法には居住者のことは書かれていま

209

《第4部》【座談会】マンションの終活を考える

齊藤 広子 先生

せんので，法的な視点からすると，たとえば「コミュニティ」という概念は甚だ馴染みにくいわけです。

浅見　今はコミュニティを活性化させるというような行事は自治会がやればいいという整理になっています。たとえば戸建て住宅が並んでいるような地域で自治会がコミュニティ活動をする場合にはさほど問題がないような気がします。しかし，共同住宅の場合には，自治会は戸建て住宅地の自治会と役割も違ってくるように思います。たとえば，共同住宅の場合には，より密接に相互の生活状況が影響を与えます。そのため，共同住宅ならではの生活上のルールや，居住者としての住棟や外構の手入れなども決めなければなりません。

戎　ある住宅がマンションであるならば，そこには区分所有法第3条の団体が必ずあります。そして，その団体が管理をするという仕組みがあります。その団体を権利能力なき社団レベルまで組織化したものが「管理組合」と呼ばれる団体になります。この管理組合は法律上の根拠と目的を持ちます。自治会のような住む場所を同じくするだけの自然発生的な地縁団体とは区別されます。管理組合は所有者のみの財産管理団体ですから，区分所有者の同居家族や借家人などはメンバーにすらなれませ

ん。議決権を持たず所有者の決めたルール（規約）に従うだけの同居家族や借家人からみれば，所有者だけの管理組合が自治会的活動を決定し実行するなどというのは許しがたいことなのではないでしょうか。

マンション管理適正化法で，マンションの管理組合は区分所有法第3条の団体を意味すると規定されてしまったわけですが，居住中心の区分所有建物のことを特別に「マンション」と定

浅見泰司　先生

義して区分所有建物一般とは異なる特別な存在として基礎づけたわけですから，マンションの第3条の団体は区分所有建物一般の第3条の団体と違ってもいいのではないかとも考えられます。共同所有からくる財産管理だけではなくて，共同居住からくるコミュニティ管理をも目的とする団体であっていいのではないかということです。

浅見　その団体は基本的には何を決める団体になるべきなのですか。たとえばコミュニティ活動ですか。

戎　財産管理はもちろんですが，マンション標準管理規約が削除した，いわゆる「コミュニティ活動」ですね。もちろん，純粋の管理費とは別の費用区分も必要にはなりますが。

浅見　なるほど。そうすると，もしも区分所有法が住宅法だったなら

《第4部》【座談会】マンションの終活を考える

ば，地域の友好関係を育む自治会でもないし財産管理を行う管理組合でもない共同生活のルールを決めていけるような中間的組織がなければいけないということになりますね。

区分所有法の中に，マンションの場合には，管理組合とは別に共同生活のルールを話し合う居住者組合という新たな組織を位置付けるような条項があっても良いのかもしれませんね。

齊藤　私も以前から，マンションの管理には所有の側面と居住の側面があると考えております。区分所有法は所有の側面に関する法律で，区分所有法だけでマンションの管理全体を考えるのには無理があると思っておりました。また，所有者が必ずしもマンションに住むわけではなく，特に築年数が経てば賃貸化も進行します。そのなかで，マンション管理すべてを所有者だけで行うのは限界があります。所有の側面は所有者集団で，居住の側面は居住者集団で，あるいは所有者と居住者で団体をつくり，総会で議決権行使ができる行為を，所有者ができること，居住者ができることに分けるのはどうかという提案も行ってきています。マンション管理適正化法をつくる際に，マンションの管理に借家人にどのように参加してもらうべきかという議論も行いました。今よりも積極的な参加に向かっての議論もしましたが，結局そのままになっています。今後の重要な課題です。

戎　話を元に戻しますと，区分所有法は住宅の終活のことなんて全然考えていないです。住宅を想定していないということもそうですが，本来は解消に関する規定があるべきなのです。

今ある財産の管理法なので，今ある財産をなくしてしまいましょう，その後で分配するか，もう一回土地という財産を活用して建て替えるか，これは解消したあとの話で，今の管理組合が考えることではないというのが本来だと思います。

ところが，区分所有法では，今ある建物等の管理団体である管理組合が，建物を壊したあとの土地を建替え用地とするための計画を決めなければ建物を壊せない，そういうエンドしか認めないということ自体が本当はおかしいんです。

　建替えに関しては区分所有法から外して，「解消決議」を導入し，建替え決議は，現行の敷地売却決議のように，マンション建替え円滑化法の中に移して，解散的な解消は「建物除却・敷地売却」，更新的解消は「建替え決議」というように，解消決議のあと接ぎ木するような形でやれば，もっと整理されると思うんですよ。

　浅見　ちなみに，区分所有法の中に解消が立法当時入らなかったのは何か理由があるのですか。

　戎　社会的に見て時期尚早ということです。1962 年の区分所有法の成立時や 2002 年には不良ストックも今より少なく，ちょっと時期が早かったのだと思います。

　浅見　さっきの住宅法に関連しますが，住宅の場合は本当に生活の基本的な場なので，生活継続を守らなければいけないというのがあるかもしれないですけれども，店舗や事務所の場合は営業の場なので，金銭での清算ハードルがもうちょっと低いかもしれません。そういうことを考えると，今の区分所有法での解消よりは住宅マンションとしての解消のほうが難しくなりそうにも思えます。居住継続を保護しなければいけないという意味で。それはどうなんですか。

　戎　生活の本拠だけでなく営業の本拠という考え方もあって，借地借家法は店舗借家も同様に守るわけです。そうすると，建替えの場合でも，占有者の居住や営業はそのように保護されます（営業補償分があるため，一般的には借家権解消のための費用は店舗の方が高価になります）。ただ，区分所有者は，所有者の 80％以上の賛同で居住や営業の継続が認めら

213

《第4部》【座談会】マンションの終活を考える

れなくなります（売渡請求の時価に営業補償費は含まれません）。

●解消の事例およびそのための法制度

齊藤　本書でも紹介があったように，実際にマンションの解消の事例が出てきております。阪神・淡路大震災の際には，多くのマンションが建替えか大規模な修繕かの選択を迫られ，建替えを選択したマンションも少なくありませんでした。東日本大震災でも多くのマンションは被害を受けました。しかし，自主建替えに向かうマンションはなく，大きく被害を受けたマンションは解消という選択をとりました。ゆえに，解消に伴う新たな課題も生じてきました。そして，熊本地震でも，マンションは大きな被害を受け，修繕はもとより，建替え，解消，それぞれの道を選ぶマンションが出てきました。

被災したマンションだけでなく，時代が変わってきて，マンションを建て替えるのではなく解消しようという事例が出てきていますか。

戎　解消決議もかなり利用されています。ただ，国交省のガイドラインでも明記されていますが，建て替えるために解消決議をする例も多いのです。たとえば，引っ越し建替えです（従前マンションと離れた別の敷地に建て替える）。法的には売却と新マンションの再購入にすぎないのですが，そのような「買受計画」にすることもできるわけです。

浅見　今おっしゃったのは，耐震性のないマンションですね。

戎　はい。現在の制度では建物除却・敷地売却制度の適用が耐震性不足（認定）のマンションに限られています。これを一般の老朽マンションにまで拡張する，あるいは耐震性能不足と等価値の，たとえば，老朽化の進行等管理不全的な状況があるなどの一定の事情があるマンション

に拡張することも検討されるべきですね。

齊藤　この事例は，確かにマンションを終わりにしながらも，新たにマンションをつくる，今までの建替えではない事例にも見えますが，そのマンションの人たちは，なぜ解消して別の敷地に行くのでしょうか。その場で建替えをしないのはなぜですか。建替えの難しさの問題として仮住まいの問題がありますが，仮住まいのない形での建替えを考えられたのでしょうか。

戎　ここをマンションにしないほうが，土地の活用方法としていいからです。建替えより敷地売却のほうが高く売れ，経済的に有利です。だから，建替えを機に出ていく人も，「敷地売却のほうがいいよね，高く売れるから」となっています。ただし，耐震性不足のマンションしか，解消の決議ができません。

現制度が，マンションという共同住宅のエンドとして求められる一般的敷地売却制度にはなっていないという問題があります。敷地売却制度といっていますけど，実はどちらかというと，建物除却の方に力点があるのです。不良ストックを絶対的に減らそうと思ったら，建替えでも改修でも駄目なのです。絶対的に減らせるのは建物除却だけなんです。

これから，もっと多くのマンションで需要が出てきます。建替えもできない，改修していくこともできない。どんどん高齢化して，あるいは空き家化して管理ができないという状況では，末期の形として，耐震性不足ではないマンションの建物除却・敷地売却を認めないともうどうにもならない。

つまり，終活の形として建替えと大規模改修しかないと，不良ストックを解消できなくなってしまうんです。

齊藤　だから，もう一つのメニューとしては，確実に解消という制度が要るということですね。

215

《第4部》【座談会】マンションの終活を考える

いま，耐震性が低いマンション以外は，全員合意になりますが，全員合意はやはり難しいのでしょうか。

戎　全員合意とは不可能の別名です。一番いいのは，何も客観的要件がないことです。今は耐震性不足認定という客観的要件があって，かつ敷地持分，議決権，区分所有者数のトリプル5分の4以上の多数決です。

たとえば，旧第62条の「費用の過分性」のような要件を付けると，またその要件を満たしているのか満たしていないのかで泥沼の裁判になるので，立法上のハードルが高すぎますが，単純に5分の4以上で，建て替えてもいいし，壊して売り払っても構わないという，何の客観的要件もない一般敷地売却制度が一番わかりやすくて，紛争を招きません。

浅見　解消の決議は，5分の4という決議要件の割合は適切な感じですか。

戎　それは，建替えが5分の4なら敷地売却も5分の4だろうということです。建替えが4分の3なら4分の3だということになります。それは，建替えも建物を壊しますし，敷地売却も建物を壊して，かつ敷地も処分するので，建替えが5分の4なら敷地売却も5分の4だと思いますね。

浅見　決議をするときに，実際に連絡がつかない所有者については，今の制度の仕組みだと反対者にカウントされてしまいますよね。それを，賛成者にも反対者にもカウントしないニュートラル（中立）にするだけでも，だいぶ決議しやすくなる気が私はします。特に所有者不明などになってしまうと，そういうことがありうるので。そういう措置は，法的にはあり得ないでしょうか。

戎　それは終活の解消決議だけではなくて，区分所有法の管理システム一般，もっといえば民法の原則の話になってきます。連絡がつかない人（不行使もしくは棄権扱い）だけではなくて，最近は議決権行使がで

きない人が増えているわけです。認知症的問題があって意思表示ができない人が増えています。後見人が必要で，後見人を通じてしか意思表示ができないのに後見人がいないという問題です。議決権行使は意思表示（合同行為の）なので，議決権行使は無効です。無効も棄権も反対も法的には「賛成」にはできませんので，どうしても「非賛成」になってしまいます。こうしたことに対する制度が必要です。

浅見　この本でも多く紹介していますが，区分所有者が議決権行使できる状況ではないために，何も決められずに管理状況が大変ひどいマンションが多くあります。

●マンション後見制度

戎　こうした事態に対応するために管理のエンドとして，「マンション後見」のような仕組みが要ると考えています。後見人制度は人が自分の財産を治められなくなったときの仕組みですが，それと同じように，管理組合ないし区分所有者が自分たちの共有財産を治められなくなっている状態に対する手当が必要です。

齊藤　通常のマンションでは，区分所有者による管理組合がつくられ，区分所有者から理事を選出し，理事の中から理事長を選び，その人が管理者（区分所有法第25条）になるという形態が多く取られています。

しかし，区分所有者の高齢化や賃貸化，空き家化により，理事の選出が困難になるという事態になっています。また，さきほどご指摘のように，総会で意思表示をしない人が増えているということですね。こうした場合の仕組みとしてどんな方法が考えられますか。

戎　まずは，マンション標準管理規約が示したような専門家を活用す

《第4部》【座談会】マンションの終活を考える

①理事・監事外部専門家型又は理事長外部専門家型

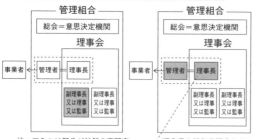

補助

・従来どおり理事会を設け，理事会役員に外部専門家を入れるパターン。
・外部専門家が理事長（＝管理者）となることも想定される。
・外部専門家を含む役員の選任を含め，最終的な意思決定機関は総会であり，その役割は重要。

②外部管理者理事会監督型

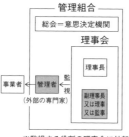

保佐

・外部専門家を区分所有法上の管理者として選任し，理事会は監事的立場となり外部管理者を監視するパターン。
・監視する立場の理事会の役員に，さらに別の外部専門家を選任することも考えられる。
・外部管理者の選任を含め，最終的な意思決定機関は総会であり，その役割は重要。

③外部管理者総会監督型

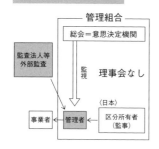

後見

・外部専門家を区分所有法上の管理者として選任し，理事会は設けないパターン。
・区分所有者からは監事を選任して監視するとともに，全区分所有者で構成する総会が監視するものであり，総会の役割は重要。
・さらに，監査法人等の外部審査を義務付ける。

④管理信託：管理信託として共用部分を管理者（信託会社）が保有する。修繕積立金などの財産管理をはじめ，大規模修繕までは，管理者が単独で行える。

る方法です（218 ページの図参照）。管理組合方式を前提とした区分所有者以外の「第三者管理」の仕組みで，3つのパターンがあります。

　理事会の権限がぐっと小さくて，管理者の権限のほうが大きい，理事会がないというパターンです。理事会がないというパターンが後見類型（図③）で，真ん中が補佐類型（図②）で，理事会に区分所有者以外の専門家が入るというのが補助類型（図①）に各々相当すると考えればわかりやすい。専門家を活用するとは，マンションの後見制度なのです。自分たちの財産を治められなくなっているわけですから，これが自然人だったら，補佐人・補助人・後見人を選任しますよね。マンションも同じです。

　さらにもっと進んだ場合は，マンション管理信託になるわけです（図④）。自分たちが治められなくなったときのために信託をするのです。自分たちが議決権行使もできなくなる，そのときでも管理が止まらないでちゃんとやれるように，完全に第三者の管理信託会社が管理者で受けて，信託契約と管理規約で共用部分を管理所有（区分所有法第 27 条）してもいい。この場合，大規模修繕までは総会の決議も不要です（区分所有法第 20 条第 2 項）。

　ただ，信託法，特に信託業法の壁があるのでまだまだ難しいんですけど，そういう管理信託を受けられるような信託業務もできる管理会社が必要です。

　浅見　二点ほどお聞きします。一つは，管理信託をスムーズに進めるための手続きが必要だと思うんです。今は必ずしも法的に整備されていませんが，どういう手続きが必要でしょうか。それから，もう一つは，そもそもそういう管理信託の仕組みがあったとしても，現実にはなり手がいないのではないかと思いますが，いかがでしょうか。

　戎　たとえば信託銀行が管理会社をつくって，修繕積立金といったも

219

《第4部》【座談会】マンションの終活を考える

のは預金のような格好でくださいねと。その代わり，こちらで管理もします。信託をやったら管理報酬も高くはなるんですが。それでも，たとえばそういう修繕積立金などのお金も管理するという関係も信託関係になるんですね。ワンセットだったらできるかもしれないでしょう。自分のために信託を受けて利益を得ることも禁止されていません。業務委託契約の受託者とは異なり，信託の受託者にはいわゆる忠実義務も明記されていますし，管理者と管理組合（区分所有者）との利益相反の問題も法的に整理できます。

齊藤　管理信託は現行法でもできるということですが，管理信託にしようと思うと，どういう決議をすればいいんですか。

戎　管理信託法人を管理者とするという決議だけだと弱いので，やはり，原始規約に「○○を管理者とする」と書いた上で，あと共用部分を管理者が管理所有するというのを規約の中に入れることです。

齊藤　つまり，規約の変更でやっていけるし，そういう決議も4分の3以上の多数の特別決議でできるだろうということですよね。

戎　そうです。信託業法の問題（許可）を別にすれば，今でもできると考えますが，いまは，浅見先生がおっしゃられたように受け手がいない。それから，やはり標準管理規約などもないのですよ。管理者方式の標準管理規約もありません。世に拡めるためには信託管理的な標準管理規約も必要です。

マンション管理適正化法は，管理組合方式を大前提にしていますが，管理者方式もきちんと整備すべきです。

齊藤　管理組合方式と，もう一つ管理者方式で，つまり本格的にもう一つの管理者方式をわが国できちんと確立していくということですよね。

戎　だいたいわが国では，一度たりとも管理者という制度，管理者という地位をまともに考えたことがないのではないかと思います。管理者

は，区分所有者である理事がじゃんけんで負けて嫌々就任させられてしまうような地位ではないんですよ。管理所有（この法的性質は信託です）という制度もまともに議論されたことがない。これまでは管理組合が何とか管理できたからよかったものの，現代のように，自分たちの財産を管理できなくなってくると後見的仕組みが不可欠なんです。その仕組みとして，管理者方式とか管理所有とか管理信託というものに大きな可能性があるのではないかと思っています。

　余談ですが，タワーマンションは管理組合で管理しろという方がそもそも無理ですから，最初から管理信託付きで分譲すべきですね。

　浅見　区分所有者にとって心配かもしれないのは，管理者方式にすると，管理上これが必要だ，あれが必要だと，出費がかさんで，どんどんしぼられてしまうのではないかということです。

　戎　委託者や受益者の保護については信託法の縛りが入ります。管理信託の仕組みでの管理者方式をきちんとつくればよいのです（信託管理）。今の管理業者より信託受託者の義務は重いです。

　齊藤　でも，日本のマンションが長年培ってきた，みんなで参加してみんなで自主的に，自主性を持って責任を持って物事を決めるという体制を失っていきそうな気がするんですけど，そういう弊害はないですか。

　戎　そのような体制はソビエト的幻想にすぎないというと言いすぎでしょうが，意思決定ができないところに自主性もへったくれもないでしょう。

　浅見　問題は，もうそのような体制が失われている場合だよね。

　戎　自分たちが管理能力を喪失した後でも，でも「管理は続くよどこまでも」という保障があるから，終の棲家にできるのだと思うんですよ。

　浅見　ただ，自主的に物事を決める体制が失われてからだと，もはや新たな管理方式に移行できないよね。

《第4部》【座談会】マンションの終活を考える

戎　だから，最初からそのような仕組み付きで売るマンションがあっ
てもいいし，途中から要するに管理者方式に切り替える管理信託にして
いくのも終活の一つではないかなと。

浅見　なるほどね。これは非常にいい発想ですね。

戎　建替えのようにハードの部分をまったくやり替えず，第3条団体
の機能面だけの「再生」もあると思います。機能再生でも，若い区分所
有者に来てもらえるような工夫など管理組合の機能をもっと活性化しよ
うというやり方と，管理組合方式を断念して管理者方式に変えていくや
り方がある。そうすると，後期高齢者ばかりになっても管理はちゃんと
続くことになります。

齊藤　区分所有のままでできるわけですね。本書の執筆者の皆さんの
主張なんかを見ていると，所有権を集約していく方法などの提示があり
ますが，区分所有のままで管理だけを他に任せる方法は現実的でいい方
法だと思います。

戎　そうです。管理組合方式というのは，会社でいえば所有と経営が
分離していない合名会社のようなものです（所有者が自ら経営する）。で
も，株式会社のように所有と経営が分離している会社もあるように，所
有と管理が分離している第3条団体があっても全然おかしくない。プロ
が管理した方が合理的な管理になるのではないでしょうか。

集合住宅のあり方として，「ワンオーナーであとは借家人」が一番合
理的だとは思いますよ。でも，現実問題として区分所有住宅というもの
が存在するのであれば，そして，それを終の棲家として考えて，かつ次
の世代にも残したいと思ったときに，管理者方式だったら区分所有者が
みんな衰えてもちゃんと管理は続くんですよ。そうすると，どうにもな
らなくなっての相続放棄などはなくなるかもしれない。

浅見　管理者方式にしたときの管理者の安定性，管理者の倒産隔離な

222

どという話なんですけど，それは大丈夫なんですか。

戎　管理信託までの仕組みができるとすると，ちゃんと分別義務がありますので大丈夫でしょう。信託財産は信託会社が破産しても当然守られています。それと，免許・登録制があるので。信託を受ける管理会社は普通の「管理業」の登録ではなくて，「管理者業」の登録とし，これが信託法上の信託会社の免許・登録と連動していれば一番いい。今の信託法，信託業法は信託を金融商品と考えている面が強いんですが，信託にはもっと大きな可能性があります。民事信託・家族信託などがなんとなくやりにくい空気があります。

浅見　今の法律の体系だと，具体的には何を変えたらいいですか。

戎　実際には，信託業の免許などは信託銀行のようなしっかりとしたところにしか出ませんが，管理という信託があってもおかしくないのです。

浅見　それは信託法を変えるということですか。

戎　そうですね。その特化したときの免許・届出制の形をまた定める。要するに，金融商品としての信託ではない信託業法がほしいんです。

浅見　なるほど。

戎　旧信託法は古かったし，大陸法系に浮かんだ英米法系の島のようなものだったといわれていましたが，現行法のように信託という名の金融商品のイメージが強くない信託法だったんです。

今の信託法だと，たとえば弁護士の間でも，「この人が意思能力を失ったあとでも，この人のために」，「この人が亡くなったら，その子供さんのために」などという本当の信託がどこまでできるかというような議論になってしまいます。

浅見　なるほどね。もう一つ伺いたいんですが，管理者方式をやっている限り，解消にはならないのではないですか。つまり，人はいつかは

223

《第4部》【座談会】マンションの終活を考える

死をむかえますが，マンションは管理をやっている限り，老朽化はしていくけれど死なないのではないでしょうか。

戎　物理的な存在のマンションの終活を考えたときに，確かに適正管理が施されていれば不良ストックにはならないので解消の必要がないともいえます。ただ，ゆくゆくは，やはりそれなりの決議ができるようなときに解消の決議などをやっておかないと，おそらくお金も尽きるなど，いろいろな状態が出てきますから。ちなみに，そのときには，議案をつくるのは管理者なんです。

浅見　解消のための議案をつくるのですね。

戎　そうです。それで，それを区分所有者に諮っていくということが必要かもしれませんね。

浅見　だけど，そもそも管理者方式を導入してしばらくたった状況だと，おそらく管理組合等がもう機能していない状況ですよね。

戎　今の管理者は基本的に管理のための管理者なんですよ。そうすると，さっき言った意思能力がないだの，どこにいるか分からないだのという話で，議案がもう通らなくなる。そこのところはさらに管理を超えた，再生のところまでの権限を管理者に与える。それも区分所有法を変えないといけませんけど。

本来だったら信託契約で書いても，そこまでの権限を与えてもいいようなものなんですけど，区分所有法が，管理行為までしか管理者単独ではできないとなっているので，ここが問題ですね。建替えまで管理者の権限にしてしまったら，区分所有法に反する信託契約のようになってしまうんです。そこまで管理者に決定させていいかの問題はありますが。

齊藤　そういうマンションは，高齢化しているなどで費用の捻出が結構難しいと思うんですけど，そういう人たちでも，よりいっそうお金がかかる方式を選ぶことになるわけですよね。そこが結構大きな問題だと

思いますが，いかがでしょうか。

　戎　福祉的な後見制度もあるわけですよ。そこまでの管理支援の仕組みをつくらないと駄目かもしれないし，お金の問題でいえば，リバースモーゲージの信託費用への活用もあるかもしれない。もっとも最期は，行政の指定や勧告による「みなし解消」ということも必要かもしれません。

　齊藤　そうすると，リバースモーゲージのような制度とセットにしていくのですね。

　浅見　そうですね。

　齊藤　ともかくマンションを預けるけど，そのお金で最後終わったら清算してもらって必要なお金を返却するというスキームを組み入れていかないと，今後，問題のマンションはきれいに終活していけないですね。そして，終活をやっていくには，いろいろな制度を整えていかなければいけないということですね。

　戎　そうです。それから，今まではあまり対象になっていなかったような，たとえば建て替えるときの引っ越し費用や仮住まい費用など，再生のために必要なさまざまな費用，特に管理の世界は修繕積立金でカバーしているので，基本的に資金調達は考える必要がないのですが，再生は修繕計画の外，すなわち修繕積立金の外の話なので，個別の資金調達を考えないといけない。そのときに，使える融資が実はあまりないのです。

　住宅金融支援機構も歴史的には購入や建設の資金融資が中心でした。それ以外のことも全部融資の対象にして，建替えだったら，管理信託化するならこういう融資がありますよというのをリバースモーゲージを中心に組んでいって，『資金調達は任せてください。資金調達制度はできています』ということで，終活をやりやすくする体制を整える必要があ

ります。

●被災マンション等，残された課題

　齊藤　被災マンションで，阪神・淡路大震災のときは建替えをするマンションが多く，それからわずか16年後の東日本大震災では，解消の道が選ばれるようになり，これが一つの時代だなと思いますが，被災マンションの解消制度にもまだ課題がありますか。

　戎　課題はたくさんあるのではないでしょうかね。

　第一に，被災マンション法といいますけど，あれはマンション法ではなく「被災区分所有法」です。被災マンション法の再建決議で決議して再建しようと思ったら，マンション建替え円滑化法は使えないんです。被災マンションの再建決議は，まず土地の共有者がその上に区分所有建物を建てるという決議です。既に管理組合もありませんし，区分所有法第62条の建替え決議ではないのですね。そうすると，マンション建替えではないんです。だから，マンション建替え円滑化法の適用はありません。権利変換という仕組みは使えず全ての再建を等価交換型でやるしかない。そうすると，実はなかなか困難なんです。一人ひとりと契約してということや，担保権の処理などがすごく難しくなるわけです。

　二つめの課題は，区分所有ビルが壊れたとして，その再建決議もそうですけど，居住が一つもない区分所有ビルで建替え決議をしたとしますね。その建替えの実行にも，マンション建替え円滑化法は使えないわけです。また，この円滑化法は5戸以上の住宅がないといけないので，住宅以外，5戸未満のマンションでは適用できません。区分所有ビルも建替え決議はできますけど，それでも権利変換は使えず全部等価交換型で

226

やるしかないということになります。

区分所有法とマンション建替え円滑化法との間に溝がある状態です。それは，それぞれの法律は，法務省と国土交通省という，別の所管になっていることが原因として考えられます。やはり，区分所有建物の解消制度は，一般的なものも必要だと思うのです。

三つめに，被災マンション法を改正して入れるときにやはりマンション建替え円滑化法ともっと連続性を持たせて，再建決議であっても権利変換の仕組みに乗るようにとか，そういうところはもっと整備すべきだったんです。円滑化法の立法時から言われていたことですが。

齊藤 もう一つ，リゾートマンションの管理放棄問題が本書でも指摘されています。こうした実態についても，将来どうすればよいでしょうか。

戎 これも，管理者方式でうまくやっているところもあります。区分所有者が1人もいないので，そこで管理組合方式なんか成り立つはずはない。リゾートマンションと，あと投資用マンションもそうなんです。100％賃貸になったら管理組合で区分所有者は誰もいないのに管理組合規約や理事会などナンセンスなんです。不動産管理会社が1棟のマンションを管理しているように，不動産管理会社が管理者をやるしかないですね。

管理方式をもう少し考えることです。法人格も持たない，権利能力なき社団の管理組合が99％管理しているんです。だからマンションに対する融資も伸びない。

ある銀行から「なぜ全部法人にしないんでしょうか」と聞かれたことがあります。法人だったら登記簿があるから管理組合の存在も証明できるし，「ああ，この人は間違いなく代表者ですね」などと分かるわけです。

昔は，法人にできるのは区分所有者30人以上のマンションという制

227

《第4部》【座談会】マンションの終活を考える

限がありましたが，今はどのマンションも法人化ができるので，管理組合を法人にする方がガバナンスも向上するし（役員は全員管理者扱い），対外的な信用がやはりあるのです。

たとえば団地の敷地を分筆して，定期借地権を設定してその一角をコンビニ店や高齢者福祉施設に貸すとか，あるいはそこを売るというようなことが可能になっても，法人格がないと登記の面で基本的に成り立たない話で，そういうことを視野に入れたら，法人化を強制してもいいぐらいです。

区分所有法には，管理組合法人方式と管理者方式しか書いてないんですよ。管理組合方式なんて何にも書いてない。管理者方式と管理組合法人方式の条文があるのに，その条文を使わずに権利能力なき社団の管理組合方式で，どうしてこの50年間やってきているのかというのがよくわからない。

浅見　マンションの終活をまじめに考えるためには，マンションの後見人制度のようなものをつくらねばならないという本日のお話はとても参考になりました。是非，今後そのような制度構築ができると良いと思います。

齊藤　今日のお話は，マンションの終わりも，はじめから考えることが大事，さらにはマンションの管理のメニューをもっと広げ，しっかり構築していくことの重要性など，幅広いご議論をいただきました。

本日はどうもありがとうございました。

―――――――― 〈執筆者一覧〉 ――――――――

浅見　泰司（東京大学大学院 工学系研究科 都市工学専攻 教授）

小林　秀樹（千葉大学大学院 工学研究院 地球環境科学専攻 教授）

折田　泰宏（弁護士／けやき法律事務所）

黒田　美穂（株式会社エックス都市研究所 サスティナビリティ・
　　　　　　デザイン事業本部）

小杉　　学（明海大学 不動産学部 不動産学科 准教授）

齊藤　広子（横浜市立大学 国際教養学部 教授）

大木　祐悟（旭化成不動産レジデンス株式会社 マンション建替え
　　　　　　研究所 主任研究員 エキスパート（不動産コンサルテ
　　　　　　ィング領域））

田村　誠邦（株式会社アークブレイン 代表取締役，明治大学 研究・
　　　　　　知財戦略機構 特任教授）

戸村　達彦（日本総合住生活株式会社）

宿本　尚吾（国土交通省住宅局（前・豊島区副区長））

北村　喜宣（上智大学 法科大学院 教授）

鎌野　邦樹（早稲田大学大学院 法務研究科 教授）

戎　　正晴（弁護士／戎・太田法律事務所，明治学院大学 法学部
　　　　　　客員教授，政策研究大学院大学 客員教授）

マンションの終活を考える　　　　　　　　　　　ISBN978-4-905366-90-4　C2033

2019 年 6 月 1 日　印刷
2019 年 6 月 10 日　　発行

編著者　浅見　泰司／齊藤　広子

発行者　野々内邦夫

発行所　**株式会社プログレス**　〒160-0022　東京都新宿区新宿 1-12-12
　　　　　　　　　　　　　　　　電話 03（3341）6573　FAX03（3341）6937
　　　　　　　　　　　　　　　　http://www.progres-net.co.jp　E-mail: info@progres-net.co.jp

＊落丁本・乱丁本はお取り替えいたします。　　　　　　　　モリモト印刷株式会社

本書のコピー，スキャン，デジタル化等の無断複製は著作権法上での例外を除き禁じられています。本書を
代行業者等の第三者に依頼してスキャンやデジタル化することは，たとえ個人や会社内での利用でも著作権
法違反です。

＊各図書の詳細な目次は、http://www.progres-net.co.jp よりご覧いただけます。

【住総研住まい読本】
壊さないマンションの未来を考える
住総研「マンションの持続可能性を問う」研究委員会
■本体価格1,800円＋税

コンパクトシティを考える
浅見泰司（東京大学大学院教授）
中川雅之（日本大学経済学部教授）
■本体価格2,300円＋税

民泊を考える
浅見泰司（東京大学大学院教授）
樋野公宏（東京大学大学院准教授）
■本体価格2,200円＋税

★2014年度日本不動産学会著作賞（学術部門）受賞
都市の空閑地・空き家を考える
浅見泰司（東京大学大学院教授）
■本体価格2,700円＋税

共有不動産の㉝のキホンと㊆の重要裁判例
●ヤッカイな共有不動産をめぐる法律トラブル解決法
宮崎裕二（弁護士）
■本体価格4,000円＋税

固定資産税の㊳のキホンと㊇の重要裁判例
●多発する固定資産税の課税ミスにいかに対応するか！
宮崎裕二（弁護士）
■本体価格4,500円＋税

Q&A 重要裁判例にみる
私道と通行権の法律トラブル解決法
宮崎裕二（弁護士）
■本体価格4,200円＋税

変われるか！都市の木密地域
●老いる木造密集地域に求められる将来ビジョン
山口幹幸（不動産鑑定士、一級建築士）
■本体価格3,000円＋税

コンパクトシティを問う
山口幹幸（不動産鑑定士、一級建築士）
■本体価格4,000円＋税

マンション法の現場から
●区分所有とはどういう権利か
丸山英氣（弁護士・千葉大学名誉教授）
■本体価格4,000円＋税

逐条詳解
マンション標準管理規約
大木祐悟（旭化成不動産レジデンス・マンション建替え研究所）
■本体価格6,500円＋税

マンション再生
●経験豊富な実務家による大規模修繕・改修と建替えの実践的アドバイス
大木祐悟（旭化成不動産レジデンス・マンション建替え研究所）
■本体価格2,800円＋税

新版
定期借地権活用のすすめ
●契約書の作り方・税金対策から事業プランニングまで
定期借地権推進協議会（大木祐悟）
■本体価格3,000円＋税

詳解
民法［債権法］改正による不動産実務の完全対策
●79の【Q&A】と190の【ポイント】で不動産取引の法律実務を徹底解説!!
柴田龍太郎（深沢綜合法律事務所・弁護士）
■本体価格7,500円＋税

▶すぐに使える◀
不動産契約書式例㊿選
●契約実務に必ず役立つチェック・ポイントを［注書］
黒沢泰（不動産鑑定士）
■本体価格4,000円＋税

▶不動産の取引と評価のための
物件調査ハンドブック
●これだけはおさえておきたい土地・建物の調査項目119
黒沢泰（不動産鑑定士）
■本体価格4,000円＋税

新版
私道の調査・評価と法律・税務
黒沢泰（不動産鑑定士）
■本体価格4,200円＋税

賃貸・分譲住宅の価格分析法の考え方と実際
●ヘドニック・アプローチと市場ビンテージ分析
刈屋武昭／小林裕樹／清水千弘
■本体価格4,200円＋税